中央高校基本科研业务费专项资金资助项目
城际轨道交通对大都市地区城市发展及其空间结构的影响研究(项目编号:2009SD-5)

中国社会福利基金会城乡发展基金资助项目
我国高铁站点地区发展调查研究(项目编号:ZJ20150129)

高铁站点地区发展研究丛书 | 张文新 主编

高铁站点地区发展机制与模式
Gaotie Zhandian Diqu Fazhan Jizhi Yu Moshi

侯雪　张文新　著

东南大学出版社
SOUTHEAST UNIVERSITY PRESS

南京·2020

内容提要

本书主要探讨城市基础条件和不同空间利益主体对高铁站点地区发展的影响,通过笔者创立的陀螺概念分析模型,结合国内外众多的高铁站点地区发展案例,系统分析高铁站点地区发展的影响因素、发展过程及其动力机制,最后以中国天津和荷兰兰斯塔德为例,对比两个城市区域的典型高铁站点地区发展,进一步对陀螺概念分析模型进行实证分析,以期为我国高铁站点地区的发展提供借鉴。

本书适用于高等院校、科研机构的城乡规划、建筑、地理、经济、交通、土地管理等专业的师生和科研人员参考,也可供发展和改革委员会、规划、建设、自然资源、交通等政府管理部门相关人员,以及金融机构、企业、高铁站点地区建设指挥部或高铁站点地区管理委员会等经营管理人员参考。

图书在版编目(CIP)数据

高铁站点地区发展机制与模式/侯雪,张文新著. —南京:东南大学出版社,2020.5
(高铁站点地区发展研究丛书/张文新主编)
ISBN 978-7-5641-8864-1

Ⅰ.①高… Ⅱ.①侯… ②张… Ⅲ.①高速铁路—影响—区域经济发展—研究—天津、荷兰 Ⅳ.①F127.21 ②F156.37

中国版本图书馆 CIP 数据核字(2020)第 047198 号

书　　名:高铁站点地区发展机制与模式
著　　者:侯　雪　张文新
责任编辑:徐步政　咸玉芳　　　　邮箱:1821877582@qq.com
出版发行:东南大学出版社　　　　社址:南京市四牌楼 2 号(210096)
网　　址:http://www.seupress.com
出 版 人:江建中
印　　刷:江苏凤凰数码印务有限公司　排版:南京文脉图文制作设计有限公司
开　　本:787mm×1092mm　1/16　　印张:10　字数:250 千
版 印 次:2020 年 5 月第 1 版　2020 年 5 月第 1 次印刷
书　　号:ISBN 978-7-5641-8864-1　　定价:49.00 元
经　　销:全国各地新华书店　　　　发行热线:025-83790519　83791830

* 版权所有,侵权必究
* 本社图书如有印装质量问题,请直接与营销部联系(电话:025-83791830)

前言

高速铁路(简称高铁)作为现代化的交通运输设施,以其大流量、快速直达等特点显著优于其他运输方式,对城市发展影响巨大。近年来我国高铁发展迅速,目前我国高铁运行里程超过2万km,高铁站点达到560多个。我国高铁站点大都位于城市郊区,许多地方政府纷纷围绕高铁站点开发建设城市副中心或高铁新城(新区)。继开发区建设、新城建设之后,高铁站点地区成为推动我国城市化和城市发展的新的空间,但目前学术界对于我国高铁站点地区的发展研究还比较薄弱,理论和实证研究有待加强。

在不同体制、不同社会经济发展水平条件下,各国高铁站点地区的发展模式有所不同。本书是中央高校基本科研业务费专项资金资助项目"城际轨道交通对大都市地区城市发展及其空间结构的影响研究"(项目编号:2009SD-5)和中国社会福利基金会城乡发展基金资助项目"我国高铁站点地区发展调查研究"(项目编号:ZJ20150129)的研究成果。本书主要探讨城市基础条件和不同体制对高铁站点地区发展的影响,通过笔者创立的陀螺概念分析模型,结合国内外众多的高铁站点地区发展案例,全面系统分析高铁站点地区发展的影响要素、发展过程及其动力机制,最后以中国天津和荷兰兰斯塔德地区为例,对比两个城市区域的典型高铁站点地区发展状况,进一步对陀螺概念分析模型进行实证分析。全书共七章,按照研究内容可分为概念分析模型的构建、高铁站点地区发展的影响要素和机制分析以及高铁站点地区发展的实证研究三个部分。

第一部分为概念分析模型的构建,包括第1章和第2章。基于国内外关于高铁站点研究文献的分析,以交通与土地利用互馈理论为依托,笔者构建了高铁站点地区发展的陀螺概念分析模型,认为高铁站点地区的发展如同陀螺(即高铁站点)在支撑平台(城市)旋转的过程,是以城市本身的基础条件为发展平台(支撑平台),在不同空间利益主体(包括政府性主体、市场性主体、社会性主体)的外力作用下,形成不同的高铁站点发展模式。城市的基础条件为高铁站点地区的发展提供了基础平台,平台的优劣影响"陀螺"旋转的格局和流畅度。不同利益主体的行为和合作形式,如同推动陀螺旋转的外作用力,不同的施力方向和方式都将影响"陀螺"的旋转方向和路径。在城市基础条件和不同空间利益主体的共同作用下,高铁站点的节点质量和场所质量会产生不同的发展方向和组合方式,使得高铁站点地区呈现不同的发展模式。

第二部分为基于陀螺概念分析模型的高铁站点地区发展的影响要素和机制分析,包括第3章、第4章和第5章。第3章和第4章是对高铁站点地区发展的影响要素分析,第5章是对高铁站点地区发展的动力机制分析。

第3章从城市的宏观区位、城市空间发展条件及城市社会经济条件三个方面,选择八个具有代表性的国外高铁站点案例进行比较分析,挖掘不同的城市基础条件对高铁站点地区发展的影响。结果表明,城市的宏观区位影响城市站点可达性的变化;城市空间发展条件(站点在城市中的位置)为站点地区的发展设置了"硬件条件",位于不同位置的高铁站点,其主要的内向交通方式会有所区别;城市社会经济条件为站点地区的发展设置了"软件条件",城市的社会经济条件越好,对高铁站点发展的依赖度越低,但对高铁站点与城市的整合度要求越强。

第4章依据各主体对高铁站点的发展需求、行为能力和实现方式,分别以欧洲里尔、日本东京和德国斯图加特高铁站为例,说明不同空间利益主体对高铁站点地区发展的影响和作用。通过对中国、荷兰、日本三个国家高铁站点发展的空间利益主体合作模式进行比较分析,进一步探讨空间利益主体对高铁站点地区发展的影响。结果表明,政府性主体通过其行政能力制定政策,提供有利的社会经济政策条件以促进高铁站点地区的开发;市场性主体以追求经济效益为最终目标,它们利用市场敏感性和市场开发经验,积极开发高铁站点地区,使高铁站点地区呈现最大繁荣;社会性主体通过行为和语言表达诉求,影响相关的政府性主体和市场性主体制定决策。

第5章基于陀螺概念分析模型以及前两章的影响因素分析,探讨高铁站点地区的发展机制和发展模式。在城市基础条件和相关利益主体的共同作用下,高铁站点的节点质量和场所质量将具有不同的发展程度和发展方向,也将在城市中扮演不同的角色。城市的基础条件是高铁站点地区发展的平台和基础动力,不同空间利益主体是高铁站点地区发展的成长动力,城市背景条件、利益主体行为、站点质量属性之间具有联动的发展关系。基于此,可以将高铁站点地区分为五种发展类型,即自组织发展型、交通引导型、交通追随型、平衡发展型和限制发展型,分别选取天津武清站、北京南站、日本浦和车站、法国里昂帕尔杜诺车站和日本新宿车站对每种类型的高铁站点,从节点质量和场所质量两方面的发展进行解释和例证。

第三部分为高铁站点地区发展的实证研究,包括第6章。本部分系统对比中国天津和荷兰兰斯塔德的高铁站点地区的发展要素、发展类型及其作用机制,分析它们的相似与不同之处。研究发现,在天津扩展式的城市发展策略下,高铁站点选址偏于市郊区域,以期能够带动未来的城市发展,创造新的城市中心。天津政府性主体主导的制度模式快速地集聚社会经济资源,有利于发展高铁站点地区的节点质量,但是受市场因素很大影响的场所质量则发展较为缓慢。天津高铁站点地区发展模式主要是交通引导型和自组织发展型。天津的高铁站点发展在城市发展中的主要角色是交通带动城市发展(Transport Leading Development),即通过提高区域交通可达性吸引人群和经济活动的集聚,带动周边区域土地的全新开发。高铁站点对周边区域起到了催化新公共交通服务设施建设、催化新经济区域产生的作用,是从"0"到"1"的创新过程。兰斯塔德在集中发展式的城市策略下,高铁站点的选址偏向于城市中心旧火车站的升级,以期进一步提高车站周边的土地利用密度和空间质量。政府性主体引导、市场性主体协调配合的制度模式较好地平衡了高铁站点的社会公共服务角色和带动经济发展角色。兰斯塔德的高铁站点地区发展的主要城市角色是交通整合发展(Development Leading Transport),高铁站点的发展是场所质量发展优先于节点质量发展,节点质量的提高是为了进一步满足场所质量的需求,在现有基础上,配合交通可达性,进一步提高了城市空间质量,是从"1"到"2"的升级过程。

通过陀螺概念分析模型的构建、影响因素的分析、动力机制的探讨以及案例的实证研究,可见高铁作为一种快速、高质量的交通服务设施,对于高铁站点所在城市而言,它在给城市带来机会的同时,也给城市带来了挑战。高铁站点地区在城市空间中如何发展,取决于城市中的多个要素。高铁站点地区的发展是十分复杂的过程,涉及众多要素,从城市的宏观区位条件、社会经济条件、产业类型到众多不同相关利益主体的参与,都影响着高铁站点地区的发展。高铁站点地区的发展不能一概而论,需要结合城市背景,根据各自制度特色,因地制宜地促进高铁站点地区的发展。

目录

前言

1 导论 ... 001
1.1 研究背景及研究意义 ... 001
1.1.1 研究背景 ... 001
1.1.2 研究意义 ... 003
1.2 研究概念界定 ... 004
1.2.1 高速铁路 ... 004
1.2.2 高铁站点地区 ... 005

2 高铁站点地区发展的分析模型构建 ... 007
2.1 概念分析模型的构建 ... 007
2.2 陀螺概念分析模型中的"支撑平台" ... 009
2.3 陀螺概念分析模型中的相关空间利益主体 ... 010
2.4 陀螺概念分析模型中站点地区属性发展分析 ... 013
2.5 陀螺概念分析模型中站点地区的城市角色 ... 016
2.6 本章小结 ... 017

3 城市本身基础条件对高铁站点地区发展的影响 ... 020
3.1 城市宏观区位条件 ... 020
3.2 站点的城市空间发展条件 ... 022
3.2.1 高铁站点选址案例对比 ... 024
3.2.2 不同空间发展条件对站点节点质量发展的影响 ... 024
3.2.3 不同空间发展条件对站点场所质量发展的影响 ... 026
3.2.4 案例对比结果分析 ... 027
3.3 城市社会经济条件 ... 027
3.3.1 区域级经济核心城市高铁站点地区的发展 ... 028
3.3.2 地方经济中心城市高铁站点地区的发展 ... 030
3.3.3 中等城市高铁站点地区的发展 ... 031
3.3.4 小城市高铁站点地区的发展 ... 032
3.3.5 案例对比结果分析 ... 033
3.4 本章小结 ... 035

4 不同空间利益主体对高铁站点地区发展的影响 ... 038
4.1 城市空间利益主体的分析层次 ... 038
4.1.1 利益需求分析 ... 039

	4.1.2	利益实现的行为能力	039
	4.1.3	利益实现方式及结果	040
4.2	政府性主体对高铁站点地区发展的作用机制分析		040
	4.2.1	政府性主体的需求	040
	4.2.2	政府性主体的实现能力	041
	4.2.3	政府性主体需求实现方式与结果	041
	4.2.4	案例分析:欧洲里尔工程	041
4.3	市场性主体对高铁站点地区发展的作用机制分析		044
	4.3.1	市场性主体需求	044
	4.3.2	市场性主体的实现能力	044
	4.3.3	市场性主体需求的实现方式与结果	045
	4.3.4	案例分析:日本东京大都市的高铁站点发展	045
4.4	社会性主体对高铁站点地区发展的作用机制分析		046
	4.4.1	社会性主体的需求	047
	4.4.2	社会性主体的实现能力	047
	4.4.3	社会性主体需求的实现方式与结果	047
	4.4.4	案例分析:德国斯图加特21项目	048
4.5	高铁站点建设发展过程不同利益主体的合作方式		049
	4.5.1	市场性主体主导模式——日本高铁站点地区的建设和发展	049
	4.5.2	政府与市场协作模式——荷兰高铁站点地区的建设和发展	051
	4.5.3	政府性主体主导模式——中国高铁站点的建设和发展	052
	4.5.4	不同合作模式对比分析	054
4.6	本章小结		055

5 高铁站点地区发展的动力机制及其类型研究 058
5.1 高铁站点地区发展的动力机制 058
5.2 高铁站点节点质量的发展 060
5.2.1 城市外向交通条件 060
5.2.2 城市内向交通条件 061
5.3 高铁站点场所质量的发展 062
5.3.1 站点周边区域新经济活动的集聚 063
5.3.2 站点周边区域城市活动的重新配置 063
5.3.3 高效均衡多样化的土地利用模式 063
5.3.4 站点周边空间质量的整体设计 064
5.4 高铁站点地区的发展类型 065
5.4.1 自组织发展型 066
5.4.2 交通引导型 069
5.4.3 交通追随型 072
5.4.4 平衡发展型 073
5.4.5 限制发展型 075
5.5 高铁站点地区发展的城市角色 078
5.5.1 自组织发展型的城市角色 078

          5.5.2 交通引导型的城市角色 079
          5.5.3 交通追随型的城市角色 080
          5.5.4 平衡发展型的城市角色 080
          5.5.5 限制发展型的城市角色 081
    5.6 本章小结 081

6 高铁站点地区发展的实证研究 085
    6.1 基础背景对比 085
          6.1.1 天津和兰斯塔德的主要相似之处 086
          6.1.2 天津和兰斯塔德的主要不同之处 090
    6.2 空间利益主体对高铁站点地区的综合表现 091
          6.2.1 天津不同空间利益主体的表现 091
          6.2.2 兰斯塔德不同空间利益主体的表现 106
          6.2.3 天津和兰斯塔德的空间利益主体表现对比 112
    6.3 高铁站点发展模式对比研究 113
          6.3.1 天津高铁站点地区的发展 113
          6.3.2 兰斯塔德高铁站点地区的发展 120
          6.3.3 高铁站点地区发展的相似与不同之处 127
          6.3.4 原因解析 129
    6.4 高铁站点在天津和兰斯塔德的城市角色 131
          6.4.1 天津高铁站点的城市角色 131
          6.4.2 兰斯塔德高铁站点的城市角色 133
    6.5 本章小结 134

7 结论与展望 138
    7.1 结论 138
          7.1.1 高铁站地区发展的陀螺概念分析模型 138
          7.1.2 城市基础条件是平台和基础动力 139
          7.1.3 不同空间利益主体的综合表现是成长动力 139
          7.1.4 高铁站点地区发展的不同城市角色 140
          7.1.5 案例对比：各取所需，因地制宜 141
    7.2 启示 142
          7.2.1 高铁站点位置选择：在不同的城市中如何选择高铁站点的位置？
              142
          7.2.2 主体合作模式的选择：何种组织模式引导高铁站点地区的发展？
              143
          7.2.3 高铁站点地区属性发展：节点质量与场所质量如何发展？....146
    7.3 未来研究展望 148

后记 150

1 导论

1.1 研究背景及研究意义

1.1.1 研究背景

1) 高铁发展与城市空间相互作用

纵观人类历史,交通工具的改变似乎是城市兴衰的重要因素,从古老的驿站、内河码头到海港城市,城市的形态与功能被人类发明的交通方式不断重新塑造[1]。那么高铁作为现代化的交通运输设施,以其大流量、快速直达等特性显著优于其他运输设施,对城市发展的影响巨大。从国外城市的发展历程来看,交通对城市发展起到了相当重要的作用,交通运输业的高度发达是国外城市发展的主要驱动力之一[2]。日本、德国、法国等国家的高铁对这些国家的城市发展影响巨大。高铁会对城市空间带来怎样的影响取决于高铁与城市空间的相互作用,在这背后隐藏着高铁独有的作用机制。

高铁首先通过改变城市的可达性而改善其经济地理位置。可达性的提高往往意味着该地区的接近性和联系性变好,对外联系的运输条件发生变化,从而使区位优势发生变化。从城市整体发展来看,高铁改变了其在区域中的经济地理位置、城市功能及城市形象,使其在区域发展中扮演新的角色;从城市内部发展来看,高铁站点的建设及其周边地区的开发成为改变城市空间的重要催化剂,利用高铁站点带来的中高端客流,发展或者重振车站以及周边地区的经济,不但催化了城市相关基础设施的更新和完善,而且高铁站点周边区域可达性的提高,不断地吸引着人口与经济活动的集聚,带动了相应区域的消费扩散,进一步诱导城市空间的变化[3-4]。而相应的城市空间的条件也影响着高铁站点的发展类型,高铁站点的发展类型取决于特定的城市背景和城市环境,交通与城市空间发展间存在着密切的双向互动联系,可以说城市空间是高铁发挥影响作用的基础条件[5]。因此搞清楚两者之间的关系,是有效发挥高铁对城市空间作用的关键。

2) 高铁站点是高铁与城市空间相互作用的风向标

高铁引入城市,就像是一颗石子投入水中,会产生涟漪效应,其对城市空间作用最明显、最直接的区域就是高铁站点周边区域,可以说高铁站点地区的变化是高铁站点带给城市何种作用的旗帜。在未来的发展中,高铁不再仅仅是一种交通工具,同样也是提高城市空间竞争力的重要手段。高铁车站不同于普通火车站,乘客属性的变化和时空距离的缩短使得高铁站点地区成为城市中潜在的新的经济增长点。高铁站点及其周边区域的发展特点和发展方向反映了高铁与城市空间的相互作用机制,在不同的作用机制下,高铁站点很有可能会有不同的发展类型,而高铁车站往往是高铁同城市空间相互作用最明显、最具代表性的区域。只有了解了高铁站点的发展机制,才能进一步掌握高铁对城市空间发展有何种影响,以及这种影响的未来发展方向。

3) 中国高铁站点的发展

中国的高铁发展迅速,我国"四纵四横"高铁网基本建成,开通运营的高铁涉及环渤海、长三角、珠三角、东北地区、中原地区、川渝地区、海峡西岸等[6]。目前,济南都市圈、中原城市群、长株潭城市群、武汉都市圈等国内各大城市群陆续出台了高铁交通规划,京津高铁、京沪高铁、沪杭高铁、京广高铁、郑西高铁等已建成通车,中国已经进入"高铁时代"。随着我国铁路系统的不断提速,很多城市纷纷进行了高铁车站的新建与原有火车站高速化的改造。同时,伴随着各大城市新一轮的火车站新建、改建活动,处于高速火车站周边的城市地区也将发生功能上的变化。"高铁新城"项目正在中国各大高铁城市进行,这是与西方高铁站点发展完全不同的类型。面对中国高铁时代的到来,如何对高铁站点地区进行合理规划建设,成为城市地方政府与规划界关注的焦点问题之一。目前国内高铁站点地区发展的研究尚处于起步探索阶段,更多的是学习西方的发展模式,中国的高铁最初是从西方引入,但是在后期的发展中,不断地注入中国式的特色来建设和发展高铁站点。在未来的研究中,我们应在学习西方高铁站点地区发展经验的基础上,探索如何在我国的城市背景下进行高铁站点的规划和建设,进而充分发挥高铁带给城市的积极影响。

4) 高铁站点发展深入分析的必要性

从 20 世纪 60 年代日本第一条高速铁路的开通,到 80—90 年代欧洲高速铁路的崛起,再到如今中国高速铁路的飞速发展,高铁站点地区的发展始终是人们关注的焦点,借助高铁站点地区发展带动城市社会经济发展成为各国发展高铁的普遍期望之一。那些著名的、具有代表性的大型高铁站点案例,如日本新干线沿线的高铁站点、欧洲里尔工程、伦敦的国王交汇工程以及西班牙巴塞罗那高铁站点工程等等,成为高铁站点发展学习的典范。但是一方面,这些案例通常都是来自西方国家或者说是来自具有相同背景的区域,这些案例的研究不利于分析出高铁站点发展的不同,以及不同的原因。另一方面,中国的高铁站点发展模式不一定与西方国家相同,我国特殊的城市背景和不同的发展方式,使得我们不能一味地全盘学习西方的发展模式。只有深入分析高铁站点地区的发展,通过更多的新的案例对比,弄清高铁站点发展的影响要素和动力机制,才能有所取舍地学习他国的经验,并将其应用于我国高铁站点地区的发展,丰富和深化高铁站点的发展研究。

1.1.2 研究意义

目前中国处于高铁扩展期,高铁作为城市建设和城市发展的新的增长引擎,对拉动城市发展、扩展城市功能、提升城市活力、创造城市门户环境等方面起到重要作用。本书从高铁在城市中建设发展的城市地理背景和城市中不同空间利益主体出发,探索高铁站点地区的建设、发展及其潜在作用,具有比较重要的理论和实践意义。

1) 理论意义

城市从产生到现在,无论外观形态还是功能属性都已发生了极为深刻的变化。城市由低级向高级、由古代向现代发展,它的主要动力是充满智慧的人的创新[7]。《马丘比丘宪章》也曾指出,"人与人之间相互作用与交往是城市存在的基本根据"。从形式上看,人口的汇聚协作是城市形成与发展的核心因素[8]。基于此,本书从城市背景以及不同空间利益主体出发,以一个全新的角度来系统分析、研究高铁站点地区的发展,不仅仅是对高铁站点地区建设与发展影响要素进行系统分析,更深入分析高铁站点地区发展与城市发展条件的相互作用机制,建立分析高铁站点地区的建设发展及其城市角色的复杂过程模型,对深化相关理论研究、促进人文地理学的理论发展具有一定的价值。

2) 实践意义

近年来我国高铁发展迅速,以"四纵四横"为骨架网建设超过2万km的高速铁路,沿途所设立的高铁站点已有数百个。许多高铁所在城市将高铁站点地区列入城市近期发展重点,高铁站点地区如何发展已成为高铁所在城市地方政府关注的焦点之一。目前国内关于高铁站点地区发展的系统研究还不多,已有相关研究多基于对国外高铁站点发展的案例借鉴。中国的高铁发展刚刚起步,且在城市化所处阶段和城市社会经济综合发展水平方面与国外存在相当大的差距,因此不能一味照搬国外高铁站点地区的发展模式,应在借鉴国外高铁站点建设发展的基础上,根据我国社会经济制度和城市化的现实情况,研究我国高铁站点的发展及其对城市发展的影响与对策。本书不同于一些文献过分注重学习西方的发展模式,而是系统地分析高铁进入城市后,高铁站点的建设与发展的整个过程以及高铁站点对城市空间影响的整个过程,并以中国天津和荷兰兰斯塔德的高铁站点为例,进行系统的对比分析,探索中国与西方的高铁站点建设发展到底有何相似和不同之处。对于高铁站点地区的发展过程研究,本书不仅关注高铁站点地区发展的整个过程中所涉及的重要动力机制,还深入探讨高铁站点地区发展类型及其城市角色,为天津的高铁站点建设与发展的政策制定提供参考基础和更多的实践经验,对我国其他城市的高铁站点地区的规划与发展也具有实践指导意义。

1.2 研究概念界定

1.2.1 高速铁路

高速铁路(简称高铁)多年来并无严格的定义,各个国家和组织对高速铁路概念的界定有着不同的标准。《世界铁路杂志》(IRJ)将客运专线的平均运营速度达到或超过 160 km/h 的铁路纳入"高速铁路俱乐部"。但是在更多的文献中,尤其在 1964 年日本东海道新干线投入运营后,常把运营速度达到或者超过 200 km/h 的铁路称为高速铁路[9]。欧洲铁路委员会于 1985 年给出的定义是:列车运行速度达到 300 km/h 及以上的客运专线或最高速度达到 250 km/h 及以上的客货混运线称为高速铁路。国际铁路联盟(UIC)给出的定义是:与列车上及车站的服务相配套的、由新一代的列车提供的时速为 200~300 km(甚至达到 350 km)的铁路快速运营服务,在要求高速的同时,还要求高质量、高舒适度[10-11]。高速铁路的定义随着世界科学技术的发展和客观条件的变化而变化。

通常情况下,高铁可以分为两种:一种是长距离的,实现点对点的联系;二是短途的,联系区域内的城市,以形成高通达性的区域走廊[12]。本书主要研究高铁站点地区的发展,两种运行速度超过 200 km/h 的铁路都会有所涉及(我国的《中长期铁路网规划》提出规划建设的铁路快速客运通道和快速客运系统都属于高速铁路的范畴)。高速铁路一般具有技术、功能、经济和环保四个方面的特征[13]。

1) 技术特征

高铁的运行时速至少达到 200 km,不但运行速度快,旅客送达时间短,而且运输能力大,客运专线年平均输送能力为 5 600 万~7 000 万人[14,11],另外高铁是全天候行车,设有先进的列车运行与调度指挥自动化控制系统,线路为全封闭式,确保列车运行安全正点,较其他运输方式准确可靠[15]。

2) 功能特征

高铁交通主要负责区域内城市之间及大城市通勤圈范围内的居民出行与旅客运送,其市场基础为城市间紧密的社会经济联系所产生的大量的居民出行,除部分消费型出行(如探亲访友、旅游)外,更多地表现为与其从事的社会经济活动密切相关的生产性出行,包括日常商务出行(差)、通勤和通学等,具有"公共交通"的特征[16]。

3) 经济特征

高铁具有高效率和高效益特征。以运营成本来说,与航空业相比,高铁具有很大的成本优势。如巴黎至里昂的高铁,在载客率同样为 65% 的情况下,法国高速铁路(简称 TGV)载运一位头等舱旅客所需成本(包含电力费、折旧费等成本)仅为飞机载运一位旅客所需要的燃料费的 86.7%,若以二等舱旅客计算的话更低至 54%[14]。另外高铁投资回收较快,能够创造新的就业机会,诱发相关配套产业发展。

4) 环保特征

高铁利用电力牵引,消除了煤烟、粉尘等有害气体的排放。并且高铁运营之后,带来的客源转移因素使汽车与航空的使用率下降,交通的总排放污染量大幅减少。

1.2.2 高铁站点地区

高铁站点地区是指以高铁站点为核心、一定距离为半径的辐射区域范围。根据车站区域地区景观组成要素的变化,广义上的车站区域是指车站站场 400～1 600 m 的范围[17]。斯库兹(Schutz)提出三圈层理论,假设每一圈层约 500 m 距离,其中距离站场最近的圈层为核心圈层,高铁站点的辐射能力将随着距离的增大依次递减。虽然此圈层模型受到抽样类型、城市发展阶段、城市经济规模以及站点等级等众多因素的影响,其理论存在一定的局限性,但其车站区域的范围划分仍具有参考性。并且笔者在欧洲和中国高铁站点的实际调研中发现,一般高铁站点周边步行 20 分钟范围内的城市肌理与更远范围的周边地区会存在明显的差异。这些地区的差异是高铁最直接和最直观的影响范围的风向标。基于国外学者的分类理论和实际调研,本书的高铁站点地区研究范围主要是指以高铁站点为中心,步行至多 20 分钟或者说最远约 1 600 m 范围内的区域。

第 1 章参考文献

[1] 王昊,龙慧.试论高速铁路网建设对城镇群空间结构的影响[J].城市规划,2009(4):41-44.

[2] 刘勇.交通运输与城市群空间结构演化:作用机制及其协同发展[D].天津:南开大学,2007.

[3] 李蕾.高速铁路客运枢纽地区综合开发探析——以三个近郊高铁规划设计创作为例[J].华中建筑,2010,28(1):133-137.

[4] 叶冬青.综合交通枢纽规划研究综述与建议[J].现代城市研究,2010,25(7):7-12.

[5] SIDERS A L, et al. Impact of high speed rail stations on local development: a delphi survey[J]. Built Environment, 2012, 38(1): 31-51.

[6] 赵立华.城际高铁区域合作的纽带[J].铁道经济研究,2010(2):24-26.

[7] 刘易斯·芒福德.城市发展史[M].宋俊岭,等译.北京:中国建筑工业出版社,2005:2.

[8] 朱铁臻.城市现代化的核心是人的现代化[N].中国经济时报,2003-01-03.

[9] 许晓峰,幺培基.高速铁路经济分析[M].北京:中国铁道出版社,1996.

[10] 白云峰.高速铁路对区域社会经济发展影响研究——以京津城际铁路为例[D].北

京:北京交通大学,2010.
[11] 王春才.城市交通与城市空间演化相互作用机制研究[D].北京:北京交通大学,2007.
[12] BLUM U, HAYMES K E, KARLSSON C. The regional and urban effect of high speed train[J].The Annals of Regional Science,1997,31(1):1-20.
[13] 马跃东,阎小培.珠海改革开放20年城市发展的理性思考[J].经济地理,2004,24(1):67-71.
[14] 贾铠针.高速铁路综合交通枢纽地区规划建设研究[D].天津:天津大学,2009.
[15] 陈昕.高速铁路站点周边城市建设与发展研究[D].天津:天津大学,2009.
[16] 李琳娜.珠江三角洲通达性空间格局及其对城际轨道交通发展的影响[D].广州:中山大学,2010.
[17] NUWORSOO C. Transforming high-speed rail stations to major activity hubs: lessons for California[R]. Washington D.C.: TRB Annual Meeting, 2009.

2 高铁站点地区发展的分析模型构建

2.1 概念分析模型的构建

高铁站点地区的建设与发展是一项大型的城市开发活动,是交通与土地利用相互作用最直接、最激烈的区域,也是交通与土地利用相互作用发展的典型代表区域。但这种交通与土地利用之间的作用强弱以及对哪方面产生怎样的影响,与城市发展中的众多因素都有很大的关系。

土地利用和交通之间存在着复杂的互馈循环机制(图2-1),土地利用特点在一定程度上决定了社会经济活动(购物、居住、上班、教育和休闲等)的区位,这些社会经济活动在不同区位的分布又会带来交通需求,进一步产生交通行为,大量的交通行为就需要更多的包括建设新的交通基础设施和新的更高效的交通方式在内的交通服务。一系列的交通升级改变了区域的可达性,进而影响了土地所有者、投资者和各种商业商贸公司等对未来相关区位的决策,引起土地利用的变化,进入新一轮的交通与土地利用循环机制。这种循环作用过程涉及众多的影响因素,并不是简单的一对

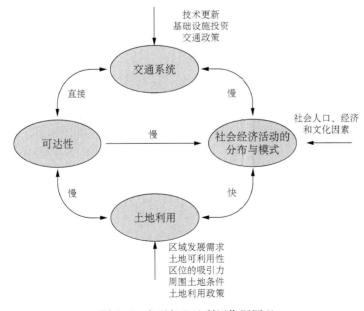

图2-1 交通与土地利用作用原理

一关系。城市的土地利用除了受到交通可达性的影响,还受区域的发展需求、土地利用政策、区位吸引力和周围土地条件等多种因素影响[1]。城市的社会经济活动的分布与模式也不仅仅取决于土地利用,社会人口、经济和文化因素也同样影响着人口的出行行为[2-3]。相应的交通系统的发展,除了受到社会经济活动的交通需求影响,还受当时的技术水平、基础设施投资和交通政策因素影响。有的时候在交通与土地利用循环作用的过程中,人们的社会经济活动模式虽然容易改变,但是土地利用和交通系统却没有那么容易改变。有时可达性的提高会直接影响社会经济活动分布而不需要先影响土地利用模式,并且土地利用的变化很可能比交通系统改变早或晚十几年,交通系统的改变很可能只是土地利用改变的原因之一[4-5]。站点地区发展的驱动力主要来自技术的更新(铁路基础设施的升级和扩展,城市产业的升级和重新分布)、制度的改革(铁路私有化或市场化)、政策的制定(政府实施的城市工程)和城市的空间发展需求四个部分,铁路的提速提高了城市的交通可达性,使得站点地区又重新成为人们关注的焦点,而城市产业的升级,使得过去那些分布在站点周围的工业逐渐撤离,为站点地区的重新发展提供了空间[6]。铁路的私有化和市场化更进一步推动了市场性主体努力利用可达性的改变开发站点,获得经济利益[6]。在欧洲的城市发展中,政府崇尚利用大型的城市工程为城市发展注入活力,并通过这些工程创造新的经济、生活和工作空间。尤其是对于高铁站点建设工程,近几年来欧洲的多数城市都是利用这个巨型工程来重振城市发展,而这些影响要素就成了欧洲车站地区重新发展的重要动力。

可见作为土地利用与交通发展相互作用的典型区域——高铁站点地区,它的发展过程与城市本身发展特点、基础条件和经济社会发展水平以及城市中不同利益主体的需求和合作方式等要素是息息相关的[7]。基于此,笔者建立了陀螺概念分析模型(图2-2),认为高铁站点地区的发展如同陀螺(高铁站点)在支撑平台旋转的过程,是以城市本身的基础条件为发

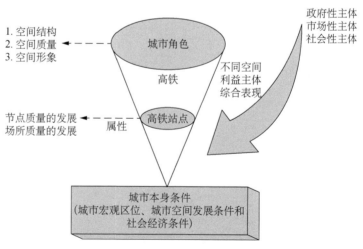

图2-2 陀螺概念分析模型研究思路

展平台("支撑平台"),在相关不同空间利益主体的外作用力下(包括政府性主体、市场性主体、社会性主体),结合高铁站点交通特点,形成不同的高铁站点发展模式并产生不同的作用。首先城市本身的基础条件为高铁站点地区的发展提供了基础平台,平台的好坏影响了这个"陀螺"旋转的可能性和流畅度,例如城市良好的区位条件以及经济发展态势能为高铁站点地区提供好的发展条件,更利于高铁站点地区的发展。再则在城市本底条件平台上,不同利益主体的综合表现,以外作用力的形式,也同样影响着高铁进入城市区域的交流点——高铁站点地区的发展。不同利益主体的行为和合作形式,就如同推动陀螺旋转的外作用力,不同的施力方向和方式都将影响着这个"陀螺"的旋转方向和路径。

基于交通与土地利用的相互作用关系,贝尔托里尼(Bertolini)曾建立了主要用于分析站点地区发展的橄榄球模型,认为车站地区是具有可达性的地理空间,它具有两个基本的属性,即节点质量属性和场所质量属性。节点质量属性是指车站地区是城市整合多种服务的网络枢纽节点,代表其网络可达性,其中网络包含了两层意义:第一是具有实体的线路或者交通网络,例如铁路系统;第二是抽象的社会连接网络,例如不同城市区域之间的人和经济活动的相互作用。节点质量主要有三方面的功能:换乘、区域交通改善和停靠。场所质量属性是指车站地区具有一定的物理范围,在此范围内汇集各种不同的城市社会经济活动和功能,形成具有活力的城市空间或城市环境(氛围),是高铁站点对周边区域城市功能扩展的影响和催化土地开发所产生的经济社会价值。

笔者认为在城市基础背景和不同利益主体的共同影响下,高铁站点的两个基本特性——场所质量与节点质量将此消彼长地不断平衡发展,产生不同的发展类型(当然随着利益主体对高铁的态度的不断变化,这种发展方向也是不断变化的)。高铁站点是高铁对城市发展的直接作用触点,它的发展方向的不同,进一步影响了高铁为这个城市将要带来的一切变化,但无论是高铁站点的发展类型,还是整个高铁站点在城市中所扮演的角色,不同城市空间利益主体永远是高铁作为城市发展动力这一旋转陀螺的"外作用力"。"支撑平台"也就是城市背景条件是陀螺旋转的基础平台,陀螺几个层次之间是联动的发展关系,无法分离,分离任意要素都是不能将这个陀螺旋转起来的。也就是说,分离任意要素将不能充分利用或者系统分析出高铁站点地区的发展要素和机制,因此本书将利用陀螺概念分析模型,系统分析高铁站点地区发展的整个过程。

2.2 陀螺概念分析模型中的"支撑平台"

"支撑平台"是指高铁站点所在城市的基础条件,它是陀螺概念分析模型中的基础旋转界面,也是高铁进入城市中促进发展的基础平台和基础动力。高铁站点地区很可能会成为城市的门户,催化和促进城市空间的发展[8]，但是每个城市都有不同的城市经济发展特点、高铁线路和区域背景等等，并没有标准的城市模式能够保证高铁站点地区的繁荣发展及其对城市空间的发展发挥积极作用。不同的城市发展条件很可能会产生不同的结果。一方面，城市的基础条件影响着高铁在城市中的成长方向，而高铁也影响着城市的发展，就如同陀螺的旋转受平台的影响，又反作用于平台。另一方面，在城市的本底基础条件背景下，城市空间中的利益主体产生不同的利益需求和不同的反应行为，并且这种需求和行为在城市物质条件的限制下，决定着高铁以怎样的方式被引入城市。从地域角度来说，高铁所在城市与核心城市的时空距离影响着高铁的效应，同时城市在高铁线路中的位置也影响了城市间的连接和车站在城市中的位置。车站在城市中的不同位置将为站点地区发展提供不同条件，中心位置有好的公共交通基础，但开发空间小；边缘位置有大的发展空间，但缺乏公共交通。可以说，与核心经济区域的时空距离和高铁站点在城市中的位置是高铁产生影响最相关的城市基础要素[9]。从城市的产业角度来说，每一个城市都有不同的产业，相比而言，第三产业为主的城市可能比第二产业为主的城市更适合高铁的发展，而不同的文化、经济和社会制度环境也都影响着高铁在城市中的发展角色[10-11]。因此本书总结归纳了影响高铁在城市中所扮演角色的城市基础条件，主要包括城市宏观区位、城市空间发展条件和城市社会经济发展条件三个方面。

  城市宏观区位是指从城市的宏观角度出发，高铁经停的城市在整个大区域背景中的自然地理位置和经济地理位置。一个好的宏观区位条件，将为高铁站点地区的发展提供好的发展前途。城市空间发展（空间区位）条件是指城市的空间发展需求和城市空间发展模式，它往往影响高铁站点在城市中的选址。城市不是均匀的地理实体，位于不同位置的高铁站点也将有不同的发展前提。当城市的空间发展需求大时，高铁站点地区的新空间开发较容易取得成功，相反，当城市的空间发展需求小时，高铁站点地区的新空间开发可能会缺乏增长动力。城市社会经济发展条件是吸引或保持高铁带来的经济活动在城市中继续发展的重要因子，也是保持城市活力的要素之一。城市社会经济发展条件由众多指标决定，除了城市交通的可达性外，城市的人均受教育水平、人均工资水平、居住环境、工作环境和生活环境质量，甚至人们生活的心态都可以体现城市的社会经济发展环境。

2.3 陀螺概念分析模型中的相关空间利益主体

  韦伯（Melvin Webber）曾将城市活动形容为"充满了为追求不同目标而激烈竞争的各种利益集团的集合"[12]。不同空间利益主体在不同的时间对城市空间利益的诉求是不同的，在城市规划与建设过程中，充满着各种利益主体之间的谈判、交易和妥协。政府性主体从政治角度将城市空间视为实施政治控制的重要组成部分;市场性主体从经济角度将城市空间开发经营视为最普遍的财富积累途径;社会性主体从公众利益的角度维护各自的利益不受损,通过实践和认识活动影响城市发展。可以说城市发展与人是不可分割的整体,城市发展的主角是人[13]。

要想弄清空间利益主体的概念,首先需要明白什么是"利益",什么是"主体"。主体是哲学上的概念,是指作用的主动者和发出者,而作用的被动者和接受者则为客体;相互作用着的事物,无论它们是主体还是客体,对于认识的人而言统统属于客体,是人认识的对象,也是实践的客体[14]。对于人来说,主体和客体是以人的活动的指向为尺度来区分的。主体就是指在一定社会关系中运用一定的中介手段从事实践和认识活动的人,客体就是指在活动中处于被动和服从地位的对象。而所谓利益,就是主体在实现其需要的活动过程中通过一定的社会关系所体现出的价值。利益是主体作用于客体最原始的动机,城市中的主体"人"关注更多的是和自己密切相关的空间利益。弗瑞曼(Freeman)认为"(一个组织的)利益主体是指任何可以影响该组织目标的或被该目标影响的群体或个人"。陶冶认为利益主体是指拥有各种不同资源的个体、组织或群体。利益主体具有分享城市规划利益的权利和创造利益的义务,在它们创造和享受城市物质和非物质环境的过程中,彼此之间的利益相互影响[15]。在市场经济体制下,各利益主体的理性行为愈加突出,表现为典型的"理性经济人",即人们以经济利益为目的,总是在城市规划相关工作中选择能够为自己带来最大利益的行为[16]。

本书中高铁站点地区发展过程中所涉及的主体主要包括企业、居民、政府、非政府组织等,纷繁复杂的行政、事业机构等其他主体暂不作考虑。这些空间利益主体可归纳为政府性主体、市场性主体和社会性主体三种类型。

政府性主体是在一定的社会职能基础上形成的,它代表了社会整体利益。政府性主体通过行使政治权利来控制经济和社会关系,它通常作为国家有关战略计划和政策法规的执行者,实现国家或地区决策对城市经济与社会的管理和控制[17]。通常情况下,政府性主体会从城市整体利益出发,利用其控制的财力和物力推行更利于自己城市发展的政策,并直接在公用事业和基础设施投资方面以多种方式在城市发展中发挥作用[17]。政府作为城市中的公共组织,其职能分为基本职能、中介职能和聚集职能。基本职能是提供纯粹的公共物品,对城市公共事务进行基本管理,包括经济性公共事务、社会性公共事务和环境性公共事务[18]。在传统的城市管理模式中,城市政府直接提供城市的全部公共物品,随着政府性主体职能的转变,政府性主体通过协调城市中的市场性主体和社会性主体,共同参与城市公共物品的提供中。高铁是一种特殊的城市公共物品,政府性主体对其在城市中的发展以及相关活动的管理方式和采取的策略都决定了它在城市中将要扮演的角色。就高铁及其周围区域发展而言,政府超越了所有其他利益主体,承担着最终的公共责任,也凭借着公共权力的优势对高铁站点及其周边发展进行管制或重新配置公共资源[19]。政府引导和控制城市建设和发展,其职能发挥是否合理影响和决定着高铁站点发展的方向和效果,政府性主体对城市发展的干预具有促进和阻碍城市发展和建设的双重作用。政府性主体通过城市发展中的战略控制,指导和影响,或者直接投资对城市发展产生作用。本模型中的政府性主体包括高铁建设前期的相关决策部门、高铁发展中的规划管理部门以及政府与市场性主体建立联系的沟通部门。

市场性主体是城市发展过程中的重要角色,它在城市空间开发过程中的目的相比政府而言简单得多,因为它追逐利润最大化的本质从来没有改变[17]。特别是在经济全球化进程中日益开放的国家和地区,市场性主体凭借着强大的资本力量通过制度化和非制度化的方式实现其利益诉求,城市发展依赖于市场性主体的经济活动,这类主体在城市建设项目选址、开发强度等方面拥有不可忽视的话语权[17]。它们不但通过直接的城市建设活动获得投资回报,而且通过它们所控制的城市资源获得利润。所谓城市资源,指的是优越的区位条件、富足的生态承载力和良好的产业氛围以及基础设施等。市场性主体既重视建成环境在生产和资本积累中的使用价值,也看重城市建设本身所形成的市场需要。对于开发主体而言,拥有数量更多、区位条件更优越、产业氛围更浓厚、基础设施更完善的土地,就意味着拥有一份财富[16]。

相比节点质量,市场性主体更关注区域的场所质量,但节点质量往往是吸引市场性主体到此投资的主要前提。市场性主体对车站区域场所质量的发展有很大的发言权,这是由于市场性主体拥有较多的资金,车站区域的发展更多地依赖财团的资本投入,而不仅仅是政府基金。这也就意味着市场性主体对高铁站点区域的区域优势认可度和投资力度决定着高铁站点地区节点质量的发展,进而影响城市的发展。模型中的市场性主体主要是指以企业为代表的生产、经营和投资开发单位,这些企业主体为城市带来了繁荣,并且其产业活动空间在城市整体的空间格局中占有重要的支配地位,是城市空间系统发生演变的重要的促进者[13]。

社会性主体是城市空间中政府性主体与市场性主体以外的主体的集合,主要是指普通市民、社会性团体、高铁乘客、站点区域周边居民等等。社会性主体是城市发展中重要而又极为广泛的构成要素,城市发展的变化既可能直接影响社会性主体的工作和生活环境,又可能使其受到城市物质环境和社会经济等诸多方面的辐射影响。社会性主体作为城市已建成和将要开发的环境的最为广泛的"用户",相比市场性主体,更注重高铁发展的节点质量。交通基础设施的便捷程度将深刻影响社会性主体的工作与生活环境,而它们的选择很可能影响城市发展的市场需求,也会反作用于高铁将要给城市带来的变化。本模型中主要以与高铁发展相关的社会性主体为研究对象。

总之,三种不同的空间利益主体对高铁站点地区发展的各自的利益诉求、行为和合作方式将共同影响高铁进入城市将会扮演的角色。城市空间中的利益主体,在不同的利益诉求下,以人化的自然环境为基础,通过主体的实践活动和认识活动影响高铁交通在城市发展中所起的作用,而高铁站点及其周边区域的发展变化则是这种作用最明显的展现区域。在高铁规划初期,政府性主体在社会整体利益和城市发展利益的基础上,影响高铁引入城市的方式和位置等等;在高铁进入城市后,政府性主体、市场性主体以及两者的合作关系影响着高铁在城市发展中所扮演的角色,尤其影响着高铁进入城市的界面即高铁站点的未来发展类型;在高铁发展后期,随着三类空间利益主体的利益诉求的变化,高铁站点的发展方向会发生变化,不同的主体对高铁站点的利益诉求的不同,三者之间力量的互相协调,决定着高铁站点的发展方向。如图 2-3 所示,对于高铁站点的场所质量和节点质量,政府性主体往往处于中立状态,从大众利益及政府性主体的自身利益来说,站点周围好的经济发展程度和完善的交通设施都是利于城市发展的,也是它们追求的目标。相比而言,对于社会性主体来说,节点质量更能给它们带来直接的享受效益。对于市场性主体而言,场所质量的发展将吸引更多的人群聚集消费娱乐,更易于实现其利益诉求,产生更高的经济价值。因此这三种利益主体是高铁引入城市后在城市中如何发展的重要外驱动力,不同空间利益主体对高铁的重视与认同程度和它们的合作方式决定了它们将要采取的行动,影响着高铁站点的发展方向。

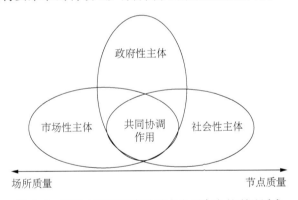

图 2-3 不同主体对于高铁站点发展方向的利益诉求

2.4 陀螺概念分析模型中站点地区属性发展分析

高铁带给站点地区最直接的影响就是可达性的变化,可达性同时也是交通与土地利用关系中的核心要素。从广义上来说,可达性不仅仅是指某一区域集合的交通方式种类及数量、连接目的地的范围,还指区域内汇集的社会活动的规模和数量以及这些活动交流的机会和潜力。因此一个具有可达性的地理空间通常被定义为众多不同的人能够到达,并且这些人能够在此参与多种不同活动的区域[20]。

从实践的角度来说,高铁站点是城市快速轨道交通网络以及城市交通网络的一个节点,同时因其交通的便利性及高度的可达性使其具有城市功能的集聚效果[21-22],提供了一种(或许是潜在的)机会进行物质交流与非物质交流(信息交流)。车站地区不仅仅是网络中的节点——提供交通连接服务(交通功能),同时车站地区也应是集合多种基础设施、多样化的土地利用和社会经济活动的城市空间(城市功能)。它的可达性很可能会吸引一些社会经济活动聚集,提升区域的场所质量,同时聚集的经济活动也会对交通产生需求,为节点质量的发展提供最佳条件[23]。因此车站地区就是在节点质量与场所质量的相互作用过程中发展的,但是其两种基本属性如何发展,仍然取决于城市的本身基础条件和不同空间利益主体的参与。站点区域很可能会成为城市的重要交通节点和重要的信息交流节点,也可能会成为某种功能型的高铁站点。

前文中介绍的橄榄球模型的核心思想是某一站点地区节点质量的发展将提高其可达性,这就为站点周边区域发展提供了良好的发展条件。相应的,站点地区场所质量的发展会带来更多的交通需求,为交通系统的进一步发展提供积极条件。在一定的范围内,站点地区节点质量或场所质量的发展都会为另一个属性的发展带来有利条件,现实情况中是否如预想中协调发展,还需要多种复杂的社会、经济、制度等方面因素的配合。

对于一个区域来说,节点质量和场所质量就如同交通与土地利用一样具有相互作用关系,它们具有不同的发展状态,两者之间的关系也是不断发展变化的,两者会呈现不同的组合方式(图2-4)。因此贝尔托里尼建立橄榄球模型,刻画了节点质量与场所质量的关系和发展变化,其中纵轴代表站点区域的节点质量发展,即交通可达性;横轴代表站点区域的场所质量发展,即站点区域内社会经济活动的数量和密度,以及能够吸引人们在此处交流的城市发展项目。总的来说,节点质量与场所质量的发展会呈现四种不同的发展方向,第一种是沿着中间线的中部区域,节点与场所发展

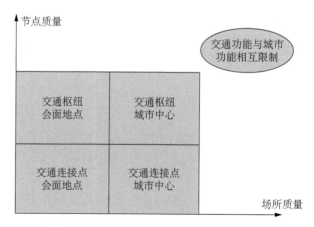

图 2-4　高铁站点属性功能组合

较好,且两者相互促进平衡发展;第二种是中间线的最上端区域,节点质量与场所质量发展不协调,两者中某一要素发展到了最大值,如果继续发展只会互相抑制发展;第三种是中间线的最下端,为节点质量和场所质量的发展初期;第四种是橄榄球外区域,即节点质量与场所质量的不协调发展,可能是站点区域提供的交通服务超过了目前周边区域活动的交通需求,或者是交通服务的发展不能满足周边活动的交通需求(图2-5)。

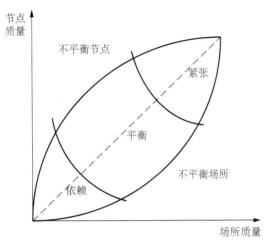

图2-5 橄榄球模型

橄榄球模型是分析站点地区发展过程的有效工具,海尼伦(Ari Hynynen)、贝尔托里尼等人都曾利用该模型分析某一站点区域的发展过程。那么到底如何选择衡量节点质量与场所质量的指标呢?节点质量的发展等同于跨区域的基础设施网络的连接性的发展,这种连接性主要取决于不同的基础设施网络和交通流的强度和信息量等。因此节点质量应主要衡量交通连接的强度和多样性,而场所质量的发展等同于区域内所有社会经济活动、发展潜力和居住环境的综合。场所质量应主要衡量空间利用多样性和空间利用强度,其中多样性可以通过土地利用类型、不同功能的利用数量等等来衡量,空间利用强度是将各个活动数量化。

基于贝尔托里尼的橄榄球模型,笔者认为高铁站点的场所质量和节点质量在城市本底基础以及城市中不同利益主体的影响下,存在不同的发展阶段和发展质量。对于场所质量而言,根据空间发展状态的不同,高铁站点周边区域可以分为仅仅是个能够会面的城市地点还是重要的城市中心。而对于节点质量来说,交通系统质量的不同,也决定着高铁站点到底只是一个交通连接器还是重要的交通枢纽[24-25]。不同的城市利益主体对于高铁站点及其周边区域发展的利益需求是多种多样的,并且很可能是不同的。城市利益主体不同的立场、教育背景、社会经济实力、专业知识和各自不同的经济和政治目标,决定着它们的需求有所不同。在高铁站点及其周边地区发展过程中,不同的主体根据实际情况和各自的利益需求采取的行动影响着高铁站点的发展方向。高铁站点及其周边区域发展是一个不断完善和更新的过程,可以说,一个场所有很好的可达性,将吸引商业、住宅和其他设施的集聚,同时也会相应地带来交通量的增长[26]。如果场所具备了商业、办公等设施,而交通的可达性不好,这些城市功能将不能继续完善[27-28],过多的节点质量或场所质量都会抑制另一方的发展。节点质量和场所质量的增长存在着边际递减关系,高铁站点可以产生一定的商务集聚和扩散效应,必然会促进周边地区的商务开发;但当高铁站点的节点质量和场所质量达到某一上限值时,两者之间又会相互限制,发展不可持续[29-30]。

2.5 陀螺概念分析模型中站点地区的城市角色

高铁站点地区的城市角色是陀螺概念分析模型中的最上层。在城市背景条件的基础上,不同城市空间利益主体对高铁的需求及相应行为在很大程度上影响了高铁站点的发展方向和所属类型,而高铁站点的所属类型进一步决定着高铁站点地区在城市空间发展中可能的作用和角色(图2-6)。可以说,高铁站点的发展状况是高铁在城市发展中所起作用的风向标。高铁站点的节点质量和场所质量的变化是城市空间发展的重要组成部分,它们也象征着高铁交通在城市中仅仅是一种增强区域可达性的交通工具还是带动城市区域发展的重要增加极[29-31]。

在城市空间演化的过程中,城市次中心的形成,除了与相应区域的区位、经济等因素有关外,交通条件的改善起到了重要的作用。高铁站点地区交通可达性的改变会给城市带来大量的客流,这些不断涌进的新客流将产生交通服务需求,带来土地开发需求的变化,这种变化的方向取决于高

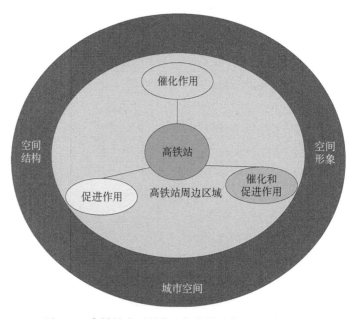

图 2-6 高铁站点对城市空间的影响作用(城市角色)

铁站点的发展模式[32]。高铁站点为周边区域的空间发展带来了机会,为了能够充分利用这个机遇,相关的城市利益主体会根据实际情况和需求不断地投资建设高铁站点周围的公共交通系统,并改变站点周边的土地利用布局。对于那些过去没有一定可达性基础的区域来说,高铁站点可能会成为区域开发的新起点。高铁站点周围地区可达性的提高,不但吸引、聚集更多的人群,而且还可能提升周围土地的商业吸引力,越来越多的相关社会经济活动会聚集在高铁站点周围,带动高铁站点周边区域的经济发展,改变人们经济活动的空间分布,成为以高铁站点为圆心的城市发展的新中心。对于拥有一定发展基础的区域来说,高铁站点的发展为城市改善空间结构、促进城市用地布局优化提供了一个推动条件,站点周围有了重新调整升级的机会,高铁带来的新服务需求将推动站点周边土地布局的重新调整和升级,提高城市空间质量,带来城市空间升级转型的机会。

总的来说,高铁站点在城市空间发展中所起到的积极角色可分为三种可能情况,即催化剂作用为主、促进剂作用为主和两者兼有的作用。所谓催化作用(Catalyst Role),强调当某一区域与高铁相连时会吸引新的活动到城市区域来,引发新事物与新经济区域的萌芽,对城市的空间结构影响作用大。所谓促进作用(Facilitating Role),是指对原有事物的促进和提升,不断完善新的基础设施,促进经济的发展,提高城市的经济区位和社会区位,提升城市形象。但是这些可能的城市角色仍然取决于高铁站点的发展类型,并借助于城市基础条件和相关利益主体的配合才能很好地发挥出来。

2.6 本章小结

笔者在贝尔托里尼的节点—场所理论的基础上,建立陀螺概念分析模型,将高铁站点的发展过程比作陀螺在支撑平台上旋转的过程,其中陀螺是指高铁站点本身,只有在外作用力下才能发挥效能。支撑平台是指城市的本身基础条件,是陀螺旋转的介质,同时也影响着陀螺的旋转;外作用力是指城市中不同利益主体的综合表现,影响着陀螺的旋转方向;支点是高铁站点的发展类型,是陀螺与支撑平台最直接的触点。笔者认为当高铁被引入城市,是以城市基础条件为发展平台,以相关利益主体的综合表现为外作用力,在发展平台、外作用力和高铁本身属性的协同下,决定着高铁与城市的最直接触点——高铁站点属性质量的发展。而高铁站点具有节点质量和场所质量两种属性,同时这两种属性具有不同的发展阶段。站点不同节点质量与场所质量的组合就构成不同的高铁站点发展类型。高铁站点的发展类型通常是高铁在城市空间中作用的风向标,不同类型的高铁站点将对城市空间产生不同的作用。可见高铁站点的发展及其空间影响是一个层层递进,同时不同要素息息相关的过程。

第2章参考文献

[1] MEYER M, MILLER E. Urban transportation planning: a decision-oriented approach[M]. New York: McGraw-Hill, 2001.

[2] FILION P, MCSPURREN K, APPLEBY B. The impact of Toronto's residential density distribution policies on public transit-use and walking[J]. Environment and Planning A, 2006,38 (7): 1367-1392.

[3] KITAMURA R, MOKHTARIAN P. A micro-analysis of land use and travel in five neighborhoods in the San Francisco Bay Area[J]. Transportation, 1997, 24 (2): 125-138.

[4] FILION P, MCSPURREN K. Smart growth and development reality: the difficult coordination of land use and transport objectives[J]. Urban Studies, 2007, 44(3): 501-524.

[5] GIULIANO G. Land-use impacts of transportation investments: highway and transit [M]// HANSON S, GIULIANO G. The geography of urban transportation. 3rd ed. New York: The Guilford Press, 2004: 237-273.

[6] BERTOLINI L, CURTIS C, RENNE J. Station area projects in Europe and beyond: towards transit oriented development? [J]. Built Environment, 2012, 38(1): 31-50.

[7] CURTIS C, JAMES T. An institutional model for land use and transport integration[J]. Urban Policy and Research, 2004, 22(3): 277-297.

[8] GIVONI M. Development and impact of the modern high-speed train: a review[J]. Transport Reviews, 2006,26(5): 593-611.

[9] VERMA A, et al. Sustainable urbanization using High Speed Rail (HSR) in Karnataka, India[J]. Research in Transportation Economics, 2013, 38 (1): 67-77.

[10] KOBAVASHI O. The growth of city systems with high speed railway system[J]. The Annals of regional Science, 1997, 31(1): 39-56.

[11] KLEIN O. Social perception of time, distance and high-speed transportation[J]. Time and Society, 2004,13(2):245-263.

[12] WEBBER M. Comprehensive planning and social responsibility: toward an AIP consensus on the profession's role and purposes[J]. Journal of American Institute Planners, 1963, 29(4): 231-241.

[13] 李阎魁.城市规划与人的主体论[M].北京:中国建筑工业出版社,2007.

[14] 郭湛.主体性哲学——人的存在及其意义[M].北京:中国人民大学出版社,2011.

[15] 陈俊.城市规划中公共利益的分析[D].武汉:华中科技大学,2006.

[16] 吴可人.城市规划中四类利益主体剖析及利益协调机制研究[D].杭州:浙江大学,2006.

[17] 何子张,段进.空间研究7:城市规划中空间利益调控的政策分析[M].南京:东南大学出版社,2009.

[18] 王佃利.城市治理中的利益主体行为机制[M].北京:中国人民大学出版社,2009.

[19] 张庆东.论公共管理的公共性及其实现途径——兼评国内外公共管理研究现状[D].北京:北京大学,2002.

[20] BERTOLINI, SPIT T. Cities on rails: the redevelopment of railway station areas [M]. London: Routledge, 1998.

[21] 王腾,卢济威.火车站综合体与城市催化——以上海南站为例[J].城市规划学刊,

2006(4):76-83.
[22] 侯明明.高铁影响下的综合交通枢纽建设与地区发展研究[D].上海:同济大学,2008.
[23] LEES L H, HOHENBERG P M. How cities grew in the western world: a systems approach[M]// AUSUBEL J H, HERMAN R. Cities and their vital systems: infrastructure past, present and future. Washington D.C.: National Academy Press, 1988.
[24] BERTOLINI L. Station areas as nodes and places in urban networks: an analytical tool and alternative development strategies[M]// BRUINSMA F, PELS E, PRIEMUS H, et al. Railway development: impacts on urban dynamics, 2008: 35-57.
[25] BERTOLINI L. Spatial development patterns and public transport: the application of an analytical model in the Netherlands[J]. Planning Practice & Research, 1999, 14(2): 199-210.
[26] 许婷.城市轨道交通枢纽行人微观行为机理及组织方案研究[D].北京:北京交通大学,2007.
[27] 刘萍."以通为导"和"以导为通":我国中小城市高速铁路客站设计的发展方向[D].天津:天津大学,2007.
[28] 段智.城市客运综合交通枢纽交通功能评价和方法研究[D].北京:北京交通大学,2007.
[29] CHEN J, ZHANG M. High-speed rail project development processes in the United States and China[J]. Transportation Research Record: Journal of the Transportation Research Board, 2010, 2159: 9-17.
[30] HANSON S. The geography of urban transportation[M]. New York: The Guilford Press, 1995.
[31] CHORUS P. Transit oriented development in Tokyo: the public sector shapes favourable conditions, the private sector makes it happen[M]// CURTIS C, RENNE J L, BERTOLINI L. Transit oriented development: making it happen. Farnham: Ashgate, 2009: 225-238.
[32] 孙玉.集约化的城市土地利用与交通发展模式[M].上海:同济大学出版社,2010.

第2章图表来源

图2-1至图2-6源自:笔者绘制。

3　城市本身基础条件对高铁站点地区发展的影响

高铁作为一种快速、高效率的交通方式,有助于强化城市空间结构,加快城市交通网络的形成。高铁站点地区往往也是体现和接受高铁对城市空间催化和促进作用的直接区域,但并不是所有的城市都会有积极的带动效应。不同城市具有不同的基础条件,这些基础条件为高铁进入城市提供了平台,也对高铁站点地区的发展提出了需求,影响着高铁站点地区的发展方向和类型。笔者认为,城市的基础条件主要包括城市宏观区位条件、站点的城市空间发展条件,以及城市社会经济条件,它们对高铁站点地区的发展具有重要影响。

3.1　城市宏观区位条件

周一星曾在他的著作中强调城市地理位置的重要性,他认为城市这种特殊空间,它的存在一天也离不开与外部空间的联系,城市以外或远或近的各种自然、经济、政治的实体都会对城市产生各种影响[1]。从不同的分类角度来说,城市具有不同的位置。如果从空间尺度上区分,分为大、中、小位置;从城市与区域中其他城市的关系角度区分,分为中心位置、重心位置、门户位置和邻接位置。本部分所指的城市宏观区位主要是指市在区域高速铁路网络中的位置,主要分为一站枢纽城市、十字形枢纽城市、三角形枢纽城市和环形枢纽城市[2]。连接城市的高铁线路越多,城市的区域可达性就越强,各种社会经济要素也会沿着高铁线路向高铁城市聚集。以欧洲的里尔工程为例,贝尔托里尼1998年曾说过:"里尔工程的成功是由一系列的连锁要素成就的,但其中最为关键的要素就是里尔的区位。"里尔是法国的第四大城市,也是法国北部加来大区的首府,人口约为22万人(2018年)。过去的里尔是重要的工业城市,现在已转化成为工商服务业城市。TGV在20世纪80年代末被引入里尔,里尔市共有里尔—弗兰德斯车站(主要提供城际列车服务)和欧洲里尔车站(主要提供国际高铁列车服务)。虽然在高铁站点建设时期,里尔正处于城市经济衰退、缺乏动力时期,但是里尔得天独厚的区位使其成了欧洲北部高铁网络的枢纽,它的可达性得到了前所未有的提高,这为里尔的城市发展带来了新的生命力。欧盟关于欧洲城市可达性的调查报告曾预测,到2020年,里尔将从1991年的第11名一跃成为欧洲可达性最好的城市。这种可达性的提高,不仅仅是数量上的增加,可达性的质量也有所提高。里尔作为欧洲西北部高铁网络的中心(图3-1),是典型的三角形枢纽城市,连接着巴黎、伦敦和布鲁塞尔,是人们所说的欧洲"金三角"枢纽位置。这个区域也是欧洲人口密度最高、经济最发达的区域,在高铁的连接下,里尔到达巴黎仅需1个小时(过去2个小时),到达布鲁塞尔仅需25分钟(过去1小时30分),到达伦敦仅需2个小时(过去4小时45分),这让里尔在欧洲城市中的地位迅速提升,使其成为法国北部边境的门户和欧洲可达性最好的城市之一,强化了伦敦、巴黎、布鲁塞尔这些大城市对它的辐射作用。

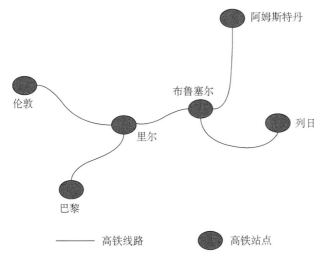

图3-1　里尔高铁网络位置

欧洲里尔高铁站位于里尔市郊区和老城中心之间,这片区域土地利用密度相对较低,并且车站所在的位置也较为独特,站点周边具有大量公有或者军用空闲土地,为里尔工程的建设提供了空间发展条件。在当时里尔市长的积极推动下,利用里尔工程得天独厚的欧洲"金三角"枢纽位置及高度的国际可达性,积极开发站点周边区域。车站周边的开发主要包括三个板块(图3-2):商务板块(2—5),包括世界贸易中心、里尔车站和里昂信贷办事处;里尔中心板块(6),位于新旧两个车站中间,是集商务办公、公寓、购物中心、宾馆和多种休闲娱乐设施于一体的大型建筑;展览馆板块(里尔大皇宫),包括展览馆、会议中心、礼堂以及休闲娱乐设施。经过数十年的发展,欧洲里尔高铁站点地区已经发展成为集商务办公、休闲娱乐于一体的欧洲商业中心,成为里尔城市发展的重要动力。

法国里尔得天独厚的宏观区位使里尔成为法国北部的门户城市,也成为欧洲北部的高铁枢纽节点城市——巴黎、伦敦和布鲁塞尔这三个首都城市的中转枢纽。里尔的宏观区位为里尔高铁站点的发展提供了强有力的动力,使得里尔成为工业城市转向工商服务业城市的典范[3],成为欧洲"精神地图"的重要节点。可见城市的宏观区位是高铁沿线城市发展的基础条件之一,不同的城市交通区位为高铁站点的发展提供不同的成长条件

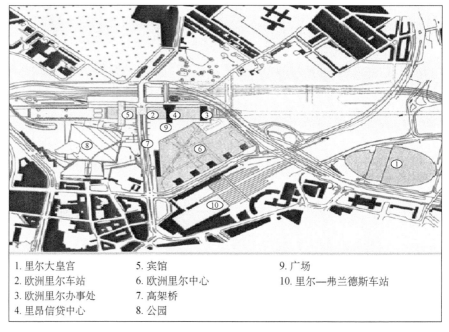

图 3-2　欧洲里尔工程土地利用类型

1. 里尔大皇宫
2. 欧洲里尔车站
3. 欧洲里尔办事处
4. 里昂信贷中心
5. 宾馆
6. 欧洲里尔中心
7. 高架桥
8. 公园
9. 广场
10. 里尔—弗兰德斯车站

和计划,使高铁站点产生不同的发展方向。城市在好的自然、经济区位中会增大城市发展成功的机会,在一定程度上甚至可以弥补城市其他方面的不足。

3.2　站点的城市空间发展条件

站点的城市空间发展条件主要是指站点在城市中的空间位置。由于城市具有不同的地理、技术、经济等条件,高铁与城市的连接点——高铁站点在城市中很可能处于不同的位置。欧洲的多数高铁站点都位于城市中心城区,中国多数的高铁站点则位于中心城区外围,日本的高铁站点选址则几种情况都有。基于这些现实的经验,笔者将高铁站点位置分为位于中心城区、位于近郊区、位于外围区三种情况(图 3-3)。

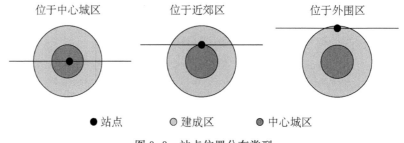

图 3-3　站点位置分布类型

位于中心城区的高铁站点多是对旧火车站进行升级改造,如大部分欧洲城市的高铁站点都是对旧火车站的升级。当升级改造仍然无法满足高铁的交通量需求和技术条件时,也可能在中心城区内部新建高铁站点,例如法国的里昂和里尔,但是中心城区新建高铁站点需要很高的成本和空闲空间条件。而位于近郊区和外围区的高铁站点主要基于两方面原因:一是铁路线路的走向;二是城市发展的需要[4],如多数中国高铁站点的选址。不同的高铁站点位置都有各自的利与弊,都会对高铁站点的发展产生不同的影响。为了弄清站点位置的影响,本书选取欧洲三个规模、经济背景相似的中小城市进行对比分析,分别为法国的勒芒(Le Mans)、兰斯(Reims)和勒克鲁佐(Le Creusot)(表3-1)。

表3-1 不同位置高铁站点汇总

城市	人口/人	高铁站点位置	示意图	城市特色
勒芒	约15万(2010年)	中心城区		赛车之城
兰斯	约16万(2010年)	近郊区		香槟之城
勒克鲁佐	约7万(2010年)	外围区		工业之城

3.2.1 高铁站点选址案例对比

勒芒的高铁站点选址在中心城区,且城市中仅有这一个高铁站点。兰斯的专用高铁站点位于建成区,同时中心城区的中央车站也提供部分路线的高铁服务。勒克鲁佐的专用高铁站点位于城区外围。之所以强调高铁站点的"专用"性,是因为像兰斯这样的城市,除了拥有专用高铁站点外,还在城市中心的火车站提供部分高铁服务,与其城市内的另一个专用高铁站点共生存在,本部分以专用高铁站点为例。

1) 高铁站点位于中心城区

勒芒的高铁站点选址在中心城区,且城市中仅有这一个高铁站点。勒芒位于法国西北部,是法国著名的"赛车之城",在这里多次举行了赛车拉力赛。1989年TGV服务在此开通,法国国家铁路公司的最初计划是在勒芒中心城区北部外围设立一个TGV经停站,但是这个方案遭到了当地政府的强烈反对[5],最后在各方面因素的协调下,对城市中心区原有的火车站进行升级改造,在原有的铁路轨道南面新建高铁站点,利用地下通道将两边新旧建筑相连。

2) 高铁站点位于近郊区

兰斯位于法国东北部,距离巴黎市约130 km,是著名的香槟产地,也是旅游胜地,拥有众多著名的历史遗迹。城市内部共有两个提供高铁服务的车站,一个是位于中心城区的兰斯中心站,一个是位于近郊区的兰斯TGV站。

3) 高铁站点位于外围区

勒克鲁佐位于法国东北部,过去是法国的采矿小城,现在它的经济主要受几个著名的冶金公司影响,如安赛乐米塔尔、施耐德电气和阿尔斯通等。勒克鲁佐的TGV站点位于城区外围,距离城市建成区5 km以上。

3.2.2 不同空间发展条件对站点节点质量发展的影响

在城市中不同位置的高铁站点具有不同的发展优势和挑战。位于中心城区的高铁站点往往有较好的公共交通条件和市场条件,能够很好地疏散和集中客流,具有一定的公共交通基础。老火车站通常都是城市过去的重要交通节点之一,虽然由于城市中心交通的压力,私家车的可进入性可能较差,但是车站周围通过改造能够实现自行车和步行可达,实现多种交通方式在此汇集的整合发展。勒芒中央车站的发展就非常典型,1989年,当大西洋公司的巴黎到勒芒的TGV线到来时,为了能让这条高铁线路穿过勒芒市中心,而不是城市外围,当地政府作出了极大的努力,经过艰辛的谈判使得TGV线路穿过勒芒中心火车站。位于城市中心的高铁站给城市带来一系列的更新工程(翻新车站、土地释放等等)。根据勒芒中心火车站的实际情况,首先升级了车站本身建筑,对位于铁路轨道北边的原建筑进行升级改造，在铁路轨道南边新建高铁站点，两个建筑从地下相连通。北车站开发了大面积的地下停车场供私家车停泊，南车站也建设了自行车的停放点，同时更新周围相连接的道路系统，尽可能地提高私家车的可进入性，还将公交车枢纽站也搬到了中央车站附近。1994年，为进一步完善中央车站的公共交通，加大新高铁站对城市的重构带动作用，车站周围开始建设轻轨项目。2007年，又增加了连接城市其他区域的轻轨，将中央车站的公共交通可达性进一步提高，高铁站成为勒芒的重要公共交通换乘节点。勒芒车站的中心位置为其站点多样化的公共交通集合提供了有利条件，步行和自行车这些绿色环保的交通方式也成为可能。到目前为止，勒芒中央车站已经形成集机动交通与非机动交通方式于一体的多样式交通枢纽。

位于近郊区和外围区的高铁站点利于缩短高铁行程时间，相对于中心位置，近郊和外围区位置可能会服务更广泛的区域，车站周围区域开发成本相对较低，土地成长空间充足。但是这些位置的高铁站点没有好的公共交通基础，尤其是建成区外围，距离中心城区位置较远，虽然私家车的可进入性相对较好，但是步行可达和自行车可达基本不可能，公共交通的建设也需要大量的人力、物力、财力。同时建成区外围的高铁站点周边区域发展更加需要与城市的空间发展需求相一致，才能助推高铁站点的发展，若不一致，则高铁站点很难发展起来。兰斯的TGV站点位于近郊区，勒克鲁佐站的选址位于外围区，这些位置的高铁站点与中心城区的高铁站点相比，在城市交通网络和公共交通服务上有着质的不同。由于这些位置通常距离城市中心较远，如兰斯的高铁站点距离城市中心 4 km，勒克鲁佐的高铁站点距离建成区 10 km 以上，这些位置很难有好的公共交通发展基础，步行和自行车的方式基本行不通。因此，这两个城市主要靠通勤大巴来消除这种距离，但是由于距离较远，通勤大巴的频次灵活性问题，以及高峰时段道路的拥堵问题，人们更偏向于选择私家车和出租车的形式到达这些位置的高铁站点。总之，高铁站点位置的不同为站点节点质量的发展整合提供不同的前提条件(图 3-4)。随着距离中心越来越远，私家车和出租车的比重逐渐增大，公共交通和步行的比重逐渐减小。位于中心的高铁站点更利于多种交通方式的整合和发展，偏向于公共交通和步行方式等可持续性

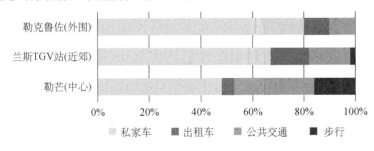

图 3-4　不同空间区位的交通方式分布

高效交通。而位于建成区外围的高铁站点,由于距离较远,私家车成为主要的交通方式,公共交通方式使用率也较低,而步行和自行车基本不能实现。

3.2.3 不同空间发展条件对站点场所质量发展的影响

高铁的到来,带来了站点周边区域交通网络的变化,提高了该区域的可达性,不同层次可达性的变化带来了不同的影响。中心型高铁站点具有多种交通方式整合的高可达性优势,有利于强化站点周边地区的进一步发展,为站点地区的更新创造有利条件。例如在勒芒,高铁在旧城市中心的经停为站点周围的土地项目开发提供了一个契机,过去那些工业和铁路的空闲用地都被开发建设成了新的商业中心,与新建的高铁站点南楼连成一体,共同发展成为所谓的勒芒"新轴心"。目前这个新的商业中心已经建成面积约 20 000 m²,70 000 m² 正在建设,10 000 m² 等待更新建设,根据计划,全部建成后 60% 的建筑面积用于办公和商业,40% 用于居住,商务区内将有近 1 500 个停车位[6],勒芒站将发展成为城市新的经济中心。

位于近郊区的兰斯 TGV 站距离城市中心 5 km 左右。由于兰斯中央车站地区在 20 世纪 90 年代初期就开始了商业区开发,到 20 世纪 90 年代末期,兰斯中心城区的社会经济活动已经相当密集,空闲土地十分有限。2002 年兰斯的地方政府提出开发一块新的城市经济区域以缓解中心城区的压力。2007 年兰斯 TGV 站开通,位于距离城市中心城区很近的近郊区,能够保证社会经济活动的连续性,又拥有较好的可达性,这为兰斯开发新的城市区域提供了机会和条件。随着高铁的开通,2009 年当地政府和相关的市场性主体终于签订了 TGV 站地区的商业开发协议,同中心车站区域一样,该区域将开发成集商业、商务办公、休闲娱乐于一体的经济区域,并且还利用地理优势开发休闲公园、高尔夫球场等项目。车站前方将建成 60 hm² 的高尔夫球场,车站的东面和北面区域将建成低密度的居住区和商业办公区。截至 2011 年,兰斯 TGV 站地区的开发建设已初具规模,已建成约 9 000 m² 的办公区域,提供 7 000 个左右的工作岗位,多家公司、组织机构驻扎。并且兰斯 TGV 站通过立交桥和快速公路与城市中心城区相连,很好地将两片商业区域整合,形成了新的城市空间。

对于位于外围区域的高铁站点来说,如果没有与之相连的完善的公共交通服务系统,要形成具有一定规模的商业中心或者产业园是比较困难的,勒克鲁佐 TGV 站的发展就充分证明了这一点。法国的勒克鲁佐 TGV 站是 TGV 线路上的经停站,因为选址在距离城区较远的位置而备受争议。车站仅仅依靠附近的干线道路与城区连接,目前车站周围一片荒凉,被各种耕地包围。其实在车站建成最初,当地的政府性主体和市场主体是考虑到利用高铁站点带动周边区域发展的,为当时处于工业衰败期的城市寻找新的城市动力,比如曾尝试在车站附近开发一个小型商业区,但是因为根本吸引不到商业经济活动到此处聚集而宣告失败了。20世纪90年代初期,政府改变了策略,转而开发高新技术产业园区,这个项目的发展情况仍然不是十分理想,也仅发展了很小的一部分,与当初的规划目标相差太远,站点周边地区仍然很难发展起来[5]。

3.2.4　案例对比结果分析

总的来说,高铁站点的不同位置提供了不同的城市空间发展条件。位于城市中心城区的高铁站点,基于好的公共交通衔接基础,使得公共交通、步行和自行车成为主流的交通方式,为高铁站点形成无缝衔接、高效多样的交通可达性提供重要条件。位于建成区外围位置的,虽然有充足的土地空间,但是没有好的交通基础,尤其是在发展前期,私家车成为主要的交通方式,区域的交通可达性虽然有所提高,但由于公共交通的衔接较为薄弱,其可达性提升空间十分有限。位于建成区的高铁站点,其可达性的发展条件处于前两者的中间状态,公共交通方式的发展会比外围区的站点稍强,但私家车和出租车的交通方式仍占有一定的份额。在站点周围发展方面,中心位置的高铁站点有利于促进周围区域的更新和发展,升级成为新的经济体。而位于建成区和建成区外围的高铁站点,首先需要大量的公共交通补充服务,另外因地制宜的发展策略以及与城市空间的发展趋势一致才有可能促进站点周围的开发与发展。

3.3　城市社会经济条件

城市社会经济条件是吸引或保持高铁带来的经济活动在城市中继续发展的重要因子,也是保持城市活力的要素之一。城市社会经济条件是由众多条件所决定的,除了城市交通的可达性外,城市的人均受教育水平、人均工资水平、居住环境、工作环境和生活环境质量,甚至人们生活的心态都可以体现城市的社会经济发展环境。本书所指的城市社会经济条件主要是指城市在区域中的经济地位和城市产业类型的综合表现。高铁缩短了沿线城市之间的距离,降低了时间成本,加速了城市之间经济要素的流动。从整体上来说,高铁的建设将极大地推动沿线城市的整体社会经济的发展,但是对于各城市本身而言,高铁的发展会根据城市各自的特点带来不同的影响。一般那些拥有良好社会经济条件的高铁沿线城市容易吸引并保持经济要素在城市中集聚,对高铁站点的发展选址具有较大话语权,并为站点地区的发展提供动力,带动高铁站点周边区域发展[7]。对于那些社会经济条件较差的高铁沿线城市来说,很可能面临着高铁的"袭夺效应",引起城市内的人才流失,经济要素流向其他中心城市。从城市的产业类型来看,高铁有其关联性产业,有的是前向联系,有的是后向联系,高铁通常对旅游业、商务等有促进作用。根据国外高铁发展的经验,高铁只对与客流、资金流、信息流、技术流和知识流关系密切的敏感性产业有较大的促进作用。如果城市的支柱产业为第三产业,那么高铁的建设将会促进设站城市的产业结构的优化[8]。基于此,依据城市的经济发展综合表现(包括人口、面积和产业结构)和城市区域地位,大体将高铁城市分为区域级经济核心城市、地方经济中心城市、中等城市和小城市四类。区域级经济核心城市一般是指人口规模最大,具有极大核心带动作用的人口高度密集、第三产业发达的超级大都市,如巴黎、柏林、东京等。地方经济中心城市一般是指人口规模较大,具有一定带动作用,对周边城市具有中心性的大城市,如阿姆斯特丹、布鲁塞尔等。中等城市是指人口规模和社会经济条件处于中等水平,对周围城市辐射带动作用较小的没有突出经济优势的城市,如比利时列日、荷兰马城等。小城市人口和经济规模较小,基本上受其他城市辐射影响,是其他级别城市的腹地,如法国皮卡。本章分别选取具有代表性的欧洲区域级经济核心城市巴黎、地方经济中心城市布鲁塞尔、中等城市列日和小城市皮卡及艾梅—拉普兰(表3-2),对比这些不同社会经济条件城市的高铁站点地区发展,分析不同级别的社会经济发展条件对高铁站点发展的影响。

表3-2 案例城市基础背景对比

城市	人口/人	产业	经济	教育	地位
巴黎	约1 200万	高附加值服务业	世界第六大经济体	拥有众多世界著名大学	欧洲最大都市区
布鲁塞尔	约135万	面向欧盟组织和众多服务机构的服务业	比利时的经济中心	拥有数所大学	欧洲之都
列日	约20万	高新技术产业	比利时瓦隆区域最重要的经济中心	比利时教育之城,列日大学	比利时的"帕罗奥图"(高新技术产业)
皮卡和艾梅—拉普兰	约6万	地方特色产业(农业和旅游业)	小城市	拥有基础教育	皮卡为法国北部小城 艾梅—拉普兰为法国南部小城

3.3.1 区域级经济核心城市高铁站点地区的发展

案例:巴黎(高铁站点融入城市模式)。

巴黎是法国的首都,也是法国的政治和文化中心,巴黎都市区人口已超过1 200万人,是欧洲最大的都市区,目前是世界上最重要的政治与文化中心之一，在教育、娱乐、时尚、科学、媒体、艺术与政治等方面皆有重大影响力，被认为是世界上最重要的全球城市之一[9]。据估计，巴黎是欧洲第一或第二大城市经济体[10]，也是世界第六大城市经济体，财富世界500强企业有33家的总部设立在巴黎都会区。1981年法国第一条TGV（巴黎和里昂之间）开通后，巴黎在法国和欧洲的核心地位不断增强。如今法国已形成了以巴黎为中心，辐射法国各城市及周边国家的高铁网络。巴黎共有六大主要终端车站，分别位于巴黎不同的区域，提供巴黎到不同城市和国家的高铁服务，这六大车站都是在原有旧火车站的基础上于20世纪90年代升级改造的。原有的火车站在过去基本上都是巴黎的重要交通枢纽，高铁开通后，进一步提高了各个车站的外向可达性。以巴黎北站和巴黎里昂站来说，北站位于巴黎第10区，车站建于1886年，在20世纪90年代不断扩建升级为高铁站点，主要提供连接法国北部城市的国内高铁服务和连接比利时、荷兰、德国和英国的国际高铁列车服务。其实在高铁开通之前，巴黎北站就已经是欧洲轨道交通规模最大的火车站，高铁开通后，进一步提升了巴黎北站的可达性，也提升了巴黎对周边区域的辐射能力。巴黎里昂站位于巴黎第12区，原车站是为1900年的世界博览会而建，后期随着列车线路的增加，在20世纪90年代初期通过对旧火车站的轨道升级和火车站建筑进行更新后引入高铁服务。里昂站目前已经成为欧洲最忙碌的高铁站点之一，主要提供连接法国东部、南部城市的国内高铁服务和连接瑞士、意大利和西班牙的国际高铁列车服务。这两个车站的升级改造，其实是顺应当时法国高铁发展的需要，巴黎作为法国的首都，是法国高铁网络的核心城市，它与其他城市的高铁连接服务对于巴黎的中心性和其他城市的辐射有重要作用，因此巴黎的各大高铁站点都趁机升级。从各车站后期的发展状况来看，在巴黎庞大的公共交通网络基础背景下，巴黎北站和里昂站虽然位于巴黎非中心城区，但是过去多年来，随着巴黎公共交通的发展，两个车站周围已具有非常完善的公共交通服务，多条轻轨、地铁和公交在车站地区汇集。高铁开通后，两个车站都进一步提高私家车、自行车和行人的可达性和可进入性，意在提高车站的空间质量，使得高铁站点能够较好地融入周围的城市空间中。从场所质量的角度来说，随着车站的交通功能不断升级，巴黎北站和里昂站在原有的城市周边基础上不断地进行升级改造，在巴黎强有力的经济需求作用下，北站地区和里昂车站地区得到了良好的发展，两个车站本身的建筑都尽量保持了法国的历史建筑特色，车站注重与周边经济活动的互动衔接及整合发展。在北站地区各种各样的餐厅、咖啡馆、宾馆和商场沿着站前广场依次分布，除了为乘客服务，也吸引了其他人群在此聚集，北站地区已经发展成为巴黎第10区的重要文化商业街区之一。里昂站同周边商业区也已整合为一体，成为巴黎第12区的重要商业区。

3.3.2 地方经济中心城市高铁站点地区的发展

案例：布鲁塞尔（高铁站点融入并改造城市空间模式）。

布鲁塞尔是比利时首都，虽然布鲁塞尔的城市经济地位不同于巴黎、伦敦等国家经济核心城市，但是仍然具有自己的功能和特色。布鲁塞尔是欧盟三个重要机构所在地，所以常被人们称为"欧洲首都"。在欧洲的高铁网络大背景下，布鲁塞尔位于欧洲高铁网络的中心位置，北面连接荷兰鹿特丹和阿姆斯特丹，西面连接里尔和伦敦，东面连接列日和科隆。目前布鲁塞尔的经济主要依靠现代服务业，它是欧洲很多公司的总部和经济部门的所在地，许多国际机构都在这里设立办事处。

1988年，当时的政府性主体就提出了借助火车站建设工程也就是所谓的"欧洲车站工程"与比利时铁路公司（NMBS）合作，大力开发站点周边地区，共同建设以车站为核心的，集交通枢纽和高端商贸区为一体的新的城市经济区[11]。但是直到1996年，NMBS才作为最大的投资商启动了"欧洲车站工程"项目。首先在布鲁塞尔南面新建了高铁南站，过去这片区域是较为集中的移民区，人口结构复杂，街区空间质量差，布鲁塞尔的不同利益主体都希望能借助高铁站点的发展，使得该区域发展成为布鲁塞尔新的增长极[11]。从南站区域的交通功能发展来说，布鲁塞尔南站是目前比利时最大的火车站，主要提供到达伦敦、阿姆斯特丹、巴黎、科隆和法兰克福等城市的高铁服务以及比利时内部的城际列车服务。一方面，布鲁塞尔南站是欧洲高铁网络中的重要交通枢纽之一，从某种程度上来说它是位于欧洲高铁网络的中心位置，高速铁路的连接进一步加强了布鲁塞尔的国际地位，其外向交通可达性大幅提高；另一方面，当地政府投入大量资金用于整合车站周围的公共交通，提高以南站为核心、30 km半径范围内的公共交通的可达性。南站内外交通可达性的提高为布鲁塞尔的信息产业和其他经济部门扩展国际业务提供了重要的条件。同时布鲁塞尔以现代服务业为主的产业结构和经济发展环境也为高铁站点地区的发展提供了成长动力。1988年第一次提出"欧洲车站工程"项目，但是迟迟没有实行，主要就是由于当时布鲁塞尔经济发展不够好，也没有成为众多政府机构和商业服务业的驻扎地。但是当高铁来临时，布鲁塞尔的社会经济环境已经可以满足该项目的正式开展，高铁服务提高了布鲁塞尔的可达性，提供了发展机会，而布鲁塞尔的城市经济发展条件也为高铁站点的发展提供了有力的支撑。这些内外条件成就了布鲁塞尔南站地区的发展。目前布鲁塞尔南站地区已经发展成为集国际高铁服务、城际列车服务和完善多样的公共交通服务于一体的交通节点。站点地区正在开发建设中，南站地区开发项目是从20世纪90年代开展的城市开发项目，是布鲁塞尔城市更新工程的重点之一，如今已初具规模；车站的前广场区域已经形成集商业商务、居住、会展、休闲娱乐于一体的高质量的城市空间，成为布鲁塞尔的重要经济增长极。

3.3.3 中等城市高铁站点地区的发展

案例：列日（高铁站点更新城市空间模式）。

列日是比利时的传统工业城市，面积约 1 879 km²，人口约 20 万人。过去列日是欧洲重要的工业中心，尤其是钢铁制造工业。20 世纪 60 年代中期，随着工业逐渐衰退，列日被笼罩在工业后劲不足的阴影下，如今列日虽已逐渐转型成为欧洲的"帕罗奥图"，聚集了数码、科技和互联网服务性产业，形成了以航空航天制造业、信息技术和生物技术产业为主的多样性经济，但是列日仍需要能够带动城市经济和空间更新发展的新动力。基于此，当地政府投入巨资建设了西班牙著名建筑师设计的列日吉耶曼高铁站点。高铁站点选址时，借鉴法国高铁站点的选址（位于城市中心的高铁站点更容易带来积极效果），并且列日也没有什么特别的原因或者限制条件需要将高铁站点选址在郊区，因此，在高铁站点的建设中，考虑到成本和地形问题，列日选择在城市中心的旧火车站 250 m 处新建高铁站点，意在吸引新经济活动和人们在此聚集、生活和工作，改变城市中心的空间质量，重振城市中心。

列日吉耶曼高铁站点（Liège-Guillemins Station）于 2009 年正式开通。车站本身卓越的建筑确实成为这个工业城市的重要地标，当地相关利益主体也希望借助高铁站点重新定义列日的城市中心形象和吸引力。从节点质量来说，高铁的到来确实提高了列日的外向交通可达性，列日到达巴黎从过去的 3 小时 15 分缩短到了 2 小时 10 分，实现一日往返巴黎；列日到布鲁塞尔缩短到了 38 分钟；列日到德国科隆也仅需 50 分钟。列日吉耶曼高铁站成为一个通过高铁连接法国、德国和荷兰的中转车站。但是列日吉耶曼高铁站点的内向公共交通却在一定程度上成了车站发展的"短板"，作为一个中等城市来说，城市内部没有轨道交通，并且车站周围主要的公共交通方式就是公交车，这对于那些商务出行人员来说并不是最佳的选择，这极大地削弱了列日吉耶曼高铁站点的发展吸引力。

从场所质量来说，过去列日是欧洲的老工业城市，在 1850 年到 1970 年间都是以工业为支柱性产业，在 20 世纪 70 年代末期加工制造业的衰败中，列日的经济跌入谷底，同时城市中心城区环境恶化，交通拥堵，各种社会经济活动和居民都转移到城市郊区，列日城市中心逐渐衰败。如今虽然列日的政府性主体作出了很多努力，并期望借助高铁站点重新改造列日城市中心，但是城市中心区仍然缺乏足够的吸引力来吸引居民和商业活动聚集[11]。尤其是在欧洲经济不是很景气的背景下，列日与沿线其他城市相比，竞争力十分有限，虽然高铁站点的建设为列日的城市经济转型提供了重要条件，但是城市的经济需求和动力不足，这也使得列日的高铁站点区域迟迟发展不起来（图 3-5），车站与周边区域并没有很好地融合，在某种程度上甚至有些格格不入，当初的规划目标迟迟未能实现，列日吉耶曼高铁站目前还未起到预想中的积极作用。

图 3-5 比利时列日吉耶曼高铁站

3.3.4 小城市高铁站点地区的发展

案例：皮卡和艾梅小镇（高铁站点发展独立于城市空间发展）。

皮卡（Haute Picardie）位于法国北部索姆，是里尔—巴黎 TGV 线的经停城市；艾梅小镇是位于法国南部的小城，是 TGV 的经停站，对于高铁站点的选址很难有发言权，车站的具体选址一般取决于铁路走线的需要。至于高铁站点地区的发展，基本上不考虑城市空间的融合性问题，高铁站点周边一般也很难发展起来。

法国的皮卡站是 TGV 线路上的经停站，这个站因为选址在距离城区较远的地点而备受争议。皮卡站距离周围任何一个镇的城区距离都较远，车站处于圣康坦镇和亚眠镇之间，距离西边的佩罗纳镇也有约 10 km 的距离。这个车站仅仅依靠附近的干线道路与城区连接，车站周围被各种耕地包围，没有任何商贸等经济活动。皮卡站经常被当地人称为"甜菜车站"，主要就是因为车站周边全是甜菜地，没有任何经济活动聚集。该车站距离城区较远，公共交通不便，相对较近的城区也没有更强的经济吸引力，可以说这个车站无论是从节点质量还是场所质量来说，都是发展不成功的。距离市区较远的位置，使得车站的节点质量发展受到限制；周边土地的荒凉，没有任何经济活动聚集，车站对周边区域的促进作用也没有办法发挥，使得这个车站成了"沙漠"车站。

法国萨瓦省的艾梅—拉普兰 TGV 站位于法国东南部阿尔卑斯山区域的萨瓦省艾梅小镇中心。艾梅小镇位于塔朗泰斯山谷中，小镇部分社区与法国著名的滑雪胜地拉普兰重叠,艾梅小镇也就成了服务滑雪胜地拉普兰的重要社区之一。艾梅—拉普兰TGV站是由法国国铁新建的用于提供TGV、欧洲之星(Eurostar)和大流士(Thalys)的高铁服务和阿尔卑斯区域的城际列车服务。与沿线城市相比,艾梅小镇在城市经济规模上完全不具有优势,高铁的到来很容易对其产生"袭夺效应"。但是由于艾梅—拉普兰区域是十分有特色的滑雪胜地,旅游业发达,不同于沿线其他城市[12],对于这个小镇来说,高铁的到来没有给它带来负面效应,更多的是提高了其可达性,而该区域利用自己的特色,通过这种可达性,吸引更多的游客到来。乘客到达该站后可以利用公交车或出租车到达周围任意滑雪点。高铁服务使得艾梅—拉普兰区域如虎添翼,艾梅小镇也成了重要的游客集散地,小镇内分布多家不同级别的酒吧、餐馆、旅馆和商店。虽然艾梅—拉普兰TGV站没有宏伟的建筑和宽阔的广场,车站周边区域也没有高密度的土地开发,但是这些仍然不影响该站成为区域内的重要枢纽之一。该站以其特有的形式,结合周边区域经济特点发挥着高铁站点对艾梅—拉普兰区域的积极作用。

3.3.5 案例对比结果分析

通过对国外四个不同级别城市的高铁站点发展的对比研究,可以发现它们对高铁站点的发展需求、发展模式和提供的经济动力都有所不同(表3-3)。一方面,对于巴黎这样区域级的核心城市来说,高铁是在城市的社会经济条件发展到相当规模的情况下被引入城市,城市对于高铁站点的选址具有较大的话语权,能够尽量将高铁站点选址在城市发展需要的位置。城市的空间发展对高铁站点的依赖度较小,城市对高铁站点发展更多的是期望提升城市的交通可达性,进一步强化原区域在城市中的经济位置和经济辐射性,促进站点地区的更新发展,强化城市空间结构。在实际的开发模式中,巴黎是通过新建一部分高铁线路或者升级城市中的部分旧线路,在原有火车站的位置新建高铁站点,升级周边的公共交通基础设施,提升站点区域的可达性,使原来就是重要交通枢纽的巴黎北站和巴黎里昂站升级成为高铁车站。另一方面,巴黎是各大公司重要组织部门、金融集团中心的集中地,城市的主要产业类型也与高铁提供的中高端服务产业十分契合,为高铁站点地区的发展提供了很好的经济动力。并且城市原有的好的城市公共交通网络也为高铁站点地区衔接的公共交通铺下了基础,利于高铁站点地区的发展。

布鲁塞尔作为地方型中心城市,虽然它的社会经济条件不如区域核心城市,但是具有自己的发展优势和特点,有一定的地方经济中心作用,对于高铁站点的选址往往具有相当的话语权。这类城市的发展对高铁站点的发展具有一定的依赖性,期望借助高铁站点发展带动城市空间结构的改变。从20世纪80年代高铁站点发展项目的提出,到20世纪90年代高

表 3-3　不同级别城市(不同城市社会经济条件)对高铁站点发展的影响对比

名称	高铁站点建立时间	高铁站点建设前身	发展过程	高铁站点与城市空间发展模式	站点地区现状
巴黎（北站）	1993年升级旧车站	始于19世纪中叶的火车站，到20世纪80年代时，巴黎北站就拥有33条轨道	站点周围有所发展，后来高铁开通，车站进一步升级	高铁站点强化城市空间结构，发展重点是进一步提高站点地区及城市的可达性	重要交通枢纽和商业中心区域
布鲁塞尔（南站）	1990年新建火车站	1869年的旧车站由于过小被拆除，之后新建高铁南站	新建高铁站点	高铁站点改变城市空间结构，创造新的城市经济区	周边城区逐渐被更新升级，车站核心区发展成为新的商业区
列日（吉耶曼高铁站）	2009年新建	原城市中央车站位置	在旧火车站位置新建高铁站点	强化并重塑城市中心	车站建筑独特，但周边还未发展起来
皮卡（TGV站）	2011年新建	城市外围的空地	随着新建车站而开发	高铁站点与城市空间独立发展，基本没有相关性	车站周边十分荒芜，没有发展起来

铁站点项目的开始实施，布鲁塞尔选择在较好的时机开发高铁站点，城市经济发展条件为高铁站点地区发展提供了需求和动力。布鲁塞尔通过新建高铁线路，拆除旧的车站基础设施，新建高铁站点，并投入大量的人力、物力、财力打造南站周边地区的交通服务设施和城市社会环境，将布鲁塞尔南站地区改造成为城市新项目的聚集地，创造新的高端空间来满足第三产业的发展需求。布鲁塞尔南站如今已初具规模，车站的前广场区域已经形成集商业商务、居住、会展、休闲娱乐于一体的高质量的城市空间，成为布鲁塞尔的重要经济增长极。

列日的高铁站点选址在城市老城中心，通过对位于中心城区的铁路进行调整或者重新布局，使其减少对城市空间的分割性，重新设计高铁站点建筑，期望能够利用高铁站点的发展优化周边区域城市空间的质量，为老城中心发展提供新动力。但是列日的高铁站点发展并未如其所愿，高铁站点周边的发展不是很理想，基本上处于车站与周边区域未整合的状态。这主要是由于相比沿线其他城市，列日的经济发展不占优势，并且列日是以工业为主的城市，这对于位于城市中心的高铁站点来说，发展动力不足，当初的规划目标迟迟未能实现。

高铁沿线小城市皮卡和艾梅—拉普兰由于城市发展规模不够成熟，与高铁沿线其他城市相比城市化程度低或经济实力不足，高铁站点的选址话语权小，在区域中也不占有吸引经济活动的优势。高铁站点的选址更多的都是基于交通线路选址的考虑，较少考虑中小城市的发展背景和需求，使得高铁站点在小城市地区尤其不容易产生正面影响，甚至有可能产生"袭夺效应"。皮卡高铁站位于距离城区10 km的位置，而皮卡也没有足够的经济动力来吸引更多的社会经济活动在车站周围聚集，站点地区基本发展不起来，成为"沙漠"车站。而同样是小城市的艾梅小镇的高铁站点却发展起来了，这主要是由于站点位于城区中心，并且艾梅小镇的特色旅游业为站点发展带来了活力和动力。该站以其特有的形式，结合周边区域经济特点发挥着高铁站点对艾梅—拉普兰区域的积极作用。

可见城市社会经济与高铁在城市中的发展具有重要的相关关系，不同的社会经济发展条件对高铁站点的发展需求有所不同（表3-4）。依据国外的发展经验，总的来说，城市的社会经济发展条件越好，对高铁站点的选址和发展话语权越大，城市发展与高铁站点发展的融入性要求越高，城市发展对高铁站点地区的发展依赖性也越低。在社会经济条件好的城市，高铁站点地区的发展更容易取得成功。从某种程度上来说，区域级经济核心城市对高铁的需求更多地可能集中在提升城市空间质量、强化城市空间结构方面。同时核心城市较好的产业发展条件也为高铁站点地区的发展提供了动力。而对于地方经济城市来说，尤其是那些处于产业转型期的快速发展城市，需要利用高铁引导空间结构的变化，创造新的城市经济空间，如果能够与第三产业的发展需求相协调，高铁站点地区的发展则容易取得成功。对于缺乏经济动力的中等城市，如列日来说，虽然站点选址在中心位置，但是其社会经济发展动力不足，不能够为高铁站点地区的发展提供好的发展平台。对于小城市来说，它们对于高铁选址和发展基本没有话语权，高铁站点地区的选址和发展，可能更多的是考虑整个交通线路的铺设问题，而不是从城市背景来考虑。小城市的高铁站点基本上属于强加到城市空间发展中，很少考虑到车站发展与城市发展的融合问题。若小城市的高铁站点选址在建成区中靠近市中心的位置，这样拥有了好的公共交通基础，利于发挥高铁站点的作用，可以避免"沙漠"车站的产生。

表3-4 不同社会经济条件下高铁站点与城市发展的关系

城市类型	经济条件	车站选址话语权	站点周边发展动力	城市空间开发与高铁站点发展的依赖程度	高铁站点与城市空间模式的融合度需求
区域级经济核心城市	高	高	高	低	高
地方经济中心城市	↑	↑	↑	↕	↑
中等城市					
小城市	低	低	低	高	低

3.4 本章小结

面对高铁的到来，沿线城市不同的城市基础发展条件为高铁在城市中的发展提供了不同的平台。城市的宏观区位影响城市可达性的变化，站点在城市中的位置为站点周边的发展设置了"硬件条件"，城市的社会经济条件为站点周边的发展设置了"软件条件"。城市的这些基础条件影响着城市对高铁站点的发展需求,进而影响高铁站点的发展。

城市的宏观区位影响城市可达性的变化。位于区域中心位置、门户位置或者重心位置的城市往往能吸引更多的高铁线路在城市汇聚。城市的宏观区位越好,成为高铁网络重要枢纽城市的概率就越大,城市可达性的提高度也就越大。

站点在城市中的位置为站点地区的发展设置了不同的前提"硬件条件"。高铁站点在城市中的位置可分为位于中心城区、位于近郊区和位于城市外围区。位于中心城区的高铁站点一般拥有好的公共交通基础,多种交通方式可达,但是私家车的可进入性较差,并且高铁站点的发展需要融入城市空间中。位于近郊区的高铁站点一般都为新建高铁站点,需要完善的公共交通才能发挥其作用,高铁的发展将改造站点周围的城市空间。位于城市外围区的高铁站点,其发展不受土地限制,但由于距离城市中心较远,公共交通衔接方式单一,步行与自行车不可达,私家车为主要交通方式。高铁站点的发展与城市空间发展相互独立。

城市的社会经济条件则为高铁站点地区发展设置了不同的"软件条件"。区域级经济核心城市对站点位置的选择具有较大话语权,对高铁站点的发展需求主要是城市可达性的提高,高铁站点的发展需要融入城市空间。地方经济中心城市对站点选址具有一定的话语权,期望利用高铁站点改造城市空间,并且较好的社会经济条件为高铁站点的发展提供了动力。中等城市对高铁站点的选址稍有话语权,期望借助高铁站点更新城市空间,城市的社会经济条件有时候不一定能够满足站点地区的发展需求,从而影响高铁站点的发展。小城市对站点位置的选择基本没有话语权,一般选址都是按照铁路走线的需要,高铁站点发展独立于城市空间发展,城市社会经济条件也很难满足高铁站点地区的发展需求,只有具有特色的产业类型并配合好的站点位置,小城市的高铁站点发展获得成功的概率才会较大。

总之,城市的宏观区位条件、站点的城市空间区位条件和城市的社会经济发展条件是高铁站点地区发展的重要影响因素,也是影响高铁站点在城市空间中扮演何种角色的重要基础平台,高铁站点具体会如何发展,对城市产生怎样的效应,这些因素具有重要的作用。只有充分利用城市的基础条件,根据不同城市各自的优势和劣势,选择合适的发展模式,才最有可能发挥出高铁对城市空间的积极效应。

第3章参考文献

[1] 周一星.城市地理学[M].北京:商务印书馆,2007:142-146.
[2] 杨万钟,等.经济地理学导论[M].上海:华东师范大学出版社,1999.
[3] MOULAERT F, SALIN E, WERQUIN T. Euralille: large-scale urban development and social polarization[J]. European Urban and Regional Studies, 2001,8(2):145-160.

[4] 朱峰.高速铁路站点周边地区规划与开发研究[D].苏州:苏州科技学院,2010.
[5] FACCHINETTI-MANNONE V. Location of high speed rail stations in French medium-size city and their mobility and territorial implications[Z]. Burgundy: Laboratory THEMA, University of Burgundy.
[6] Anon. Perspectives d'avenir sur novaxis[EB/OL]. (2013-03-14)[2019-04-19]. http://www.club-novaxis.com/le-quartier-d-affaires/perspectives-et-projects-sur-novaxis/.
[7] DE BRUIJN P. The intentional city: applying local values and choice in a global context[Z]. Portland: Paper Presented at the IFHP Spring Conference, 2005.
[8] 葛文婷.高速铁路对设站城市的空间经济效应分析[D].重庆:西南交通大学,2008.
[9] Anon. Globalization and World Cities (GaWC) study group and network[EB/OL]. (2013-04-19)[2019-04-19]. http://www.lboro.ac.uk/gawc/.
[10] Anon. Eurostat[EB/OL]. (2013-04-20)[2019-04-19]. http://epp.eurostat.ec.europa.eu.
[11] VAN DEN BERG L, POL P. The European high-speed train and urban development: experiences in fourteen European urban regions[M]. Farnham: Ashgate, 1998.
[12] Anon. France this way[EB/OL]. (2013-04-21)[2019-04-19]. http://www.francethisway.com.

第3章图表来源

图 3-1 源自:笔者绘制。

图 3-2 源自:笔者根据 TRIP J J. What makes a city? Planning for "quality of place"[M]. Delft: Delft University Press, 2007 中相关内容改绘。

图 3-3、图 3-4 源自:笔者绘制。

图 3-5 源自:笔者拍摄。

表 3-1 至表 3-4 源自:笔者绘制。

4　不同空间利益主体对高铁站点地区发展的影响

空间作为人类生产和生活的舞台,人类几乎所有的利益实现都要通过空间完成。高铁作为一种高效的连接城市空间的交通工具,提供了改变城市空间结构与城市形象的机会,但是城市中不同的空间利益主体对高铁交通的需求和采取的措施都影响着高铁站点地区的发展。面对高铁这一城市发展的催化剂与促进剂,城市中不同空间利益主体的行为及其合作方式很可能会有所差别。从利益主体的角度来说,城市中不同空间利益主体主要包括政府性主体(铁路监管部门、地方政府等)、市场性主体(投资商、运营商和开发商等)和社会性主体(乘客、市民、规划师等)。正如前文的陀螺概念分析模型所述,不同空间利益主体的行为及其合作方式是高铁站点地区发展的外作用力,这种外作用力将影响高铁站点的发展特点和发展方向。目前世界上已有多个国家发展高铁,在不同的制度体制下,形成了不同的高铁建设和高铁站点地区发展机制。分析并了解不同空间利益主体的作用机制是研究高铁站点地区发展过程的关键之一。基于此,本章首先对现有的国内外高铁站点建设及发展中不同空间利益主体的合作方式进行总结,然后分别从不同空间利益主体的利益需求、实现方式和结果等方面对各个利益主体进行系统的分析,了解不同利益主体在高铁站点建设过程中的作用和角色,探讨不同空间利益主体对高铁站点地区发展的影响。

4.1　城市空间利益主体的分析层次

博格(Van den Berg)认为城市空间利益主体的行为取决于它们最大福利的驱动力,无论是社会性主体、市场性主体还是政府性主体都有自己的区位选择偏好,区位对某一城市空间利益主体的吸引力就是最大福利。城市空间相关利益主体因利而聚,因利而不同,利益是各个主体行为的根本,不同的利益主体对高铁站点地区的空间开发具有不同的需求,进而采取不同的行为,之后通过主体活动影响城市开发活动的个人、组织或群体。在高铁站点的发展过程中,不同空间利益主体的参与形式及合作关系进一步影响高铁站点地区的发展特点,影响着高铁站点在城市空间发展中所扮演的角色(表4-1)。因此,笔者认为应从以下层次对城市中的利益主体进行分析。

表 4-1 不同空间利益主体行为对比

主体	需求	实现能力	可能的实现方式与结果
政府性主体	高铁带来的城市空间发展和城市经济发展 （交通功能与城市功能同等重要）	宏观调控 政策制定 全额补贴	政府性主体主导
市场性主体	高铁带来的经济效益，尤其是高铁站点周围的土地开发 （相比之下，城市功能重要）	经济投资 市场敏感性 市场掌控能力	市场性主体主导
社会性主体	高铁带来的公共空间质量的提高，交通便利，服务均等 （交通功能和城市功能的公共服务部分）	集体申诉 规模效应 影响市场	社会性主体的建议在一定程度上影响高铁建设及发展的决策

4.1.1 利益需求分析

利益需求分析是一种行为动机分析，行为是受利益支配的，理解了空间利益主体的需求，就可以对空间主体的行为进行解释和预测。不同的主体对高铁带来的空间利益需求可以大致概括为节点质量和场所质量两个方面：节点质量是指高铁站点区域的交通可达性，既包括高铁所提供的高效交通运输服务，又包括高铁站点周边所集结的与之相连的其他公共交通；场所质量是指好的可达性带来的大量人群及不同经济活动所带来的城市活力及经济价值。但是不同的空间利益主体需求存在较大差异，市场性主体将开发利润作为最大利益追求，注重空间区位价值，因此更偏好高铁所带来的城市功能。而政府性主体追求空间发展所带来的政绩，高铁所带来的交通功能和城市功能同等重要。社会性主体则更在意高铁站点带来的公共效益，如城市空间质量的提升以及交通便利、服务均等。

4.1.2 利益实现的行为能力

利益实现的行为能力取决于主体所拥有的资源和主体自身的素质。主体拥有的资源包括经济资源、政治资源、技术资源、信息资源等等，不同主体占有的资源优势不同，它们都具有较强的利益行为能力，但是利益实现的能力又是有限的[1]，必然受到其他主体或强或弱的制约[1-2]。不同的社会具有不同的合作制度，这也使得空间利益主体在城市空间发展的相关工程项目中的参与形式及行为能力有所不同，也就产生不同的作用力。即使相同的建设项目，在不同的空间利益主体参与形式下，都会产生不同的效果。政府性主体拥有强大的政治资源，具有宏观调控、政策协调的能力，有时候对于高铁的建设工程可以通过财政补贴来促进相关工程的发展[3]。市场性主体则具有较强的经济能力，通过各种经济投资手段影响高铁站点周边的发展；同时市场性主体对市场的敏感性和开发经验，对于高铁站点地区的土地开发具有引导作用。社会性主体虽然不具有行政能力和经济能力，但社会性主体是城市的组成要素，是高铁服务的使用者，也是高铁站点周围社会经济活动的参与者，社会性主体群体的利益倾向和规模将对政府性主体的决策制定和市场性主体的投资行为产生影响。

4.1.3 利益实现方式及结果

不同利益主体会采取何种利益实现方式，取决于各自的利益需求，以及各自对利益实现的行为能力的评估[1]。除了利益主体各自的需求、行为和能力作用外，主体之间不同的组织形式也是影响高铁站点发展的关键。每一个利益主体都是影响高铁站点发展的个体，高铁站点作为城市复杂的空间工程，往往涉及多个不同的利益主体。不同的社会和制度背景使得高铁站点建设工程中的利益主体以不同的形式组合，如前面所述，政府性主体、社会性主体和市场性主体在需求、行为和能力等方面都是不同的，那么它们之间不同的组合形式就为高铁站点带来不同的发展动力，产生不同的影响。目前国际上高铁的发展主要有三种组织形式，依次为政府性主体主导（如中国）、市场性主体主导（如日本）和政府性主体引导、市场性主体协调的平衡协调模式（欧洲）。

4.2 政府性主体对高铁站点地区发展的作用机制分析

政府性主体作为独立的利益主体，具有社会职能，是社会不同群体或阶层意志和利益的集中代表，它的主要目标是社会福利的最大化和最优化[4]。社会效益与经济效益的平衡是政府性主体这一利益主体自始至终的利益所向[5]。高铁作为一种快速的交通方式，对城市的发展将产生巨大的影响，但地方政府对待高铁的态度及其采取的发展措施是高铁带来影响的关键。政府是高铁相关项目的提出者和协调者，政府性主体尤其是地方政府会根据当地的实际情况提出相应规划，以应对和充分利用高铁带来的挑战和发展机会。可以说，在高铁对城市发展影响的过程中，政府性主体起到了关键的决策引导、协调不同主体利益的纽带作用。

4.2.1 政府性主体的需求

政府对城市空间的利益需求表现为将空间作为一种控制的手段[2]。政府性主体有代表社会利益的需求和自身利益的需求，政府城市土地使用权的转让费成为政府预算外收入的重要来源。地方政府具有不断扩展城市空间规模的利益动机，政府将城市空间作为发展的载体，作为体现其政绩的工具，在这样的利益需求指向下，政府希望高铁不只是作为连接区域及城市内部交通的重要交通枢纽[1]，而且可能还包括带动车站周边城市地区发展,提升土地价值,利用这种区位变化为城市经济发展筹款、改变城市形象、推销城市空间,借市形象宣传政府政绩等[1,6]。这些需求可以通过高铁站点区域的发展得以实现,首先利用高铁站点可以重振当地的经济发展。城市可达性的提高不但提升了区域的吸引力,而且创造了新的城市发展空间,并不断地吸引新的经济活动和居民聚集在此地,以此来不断推动城市经济发展。再则,政府性主体想通过一系列措施提升站点周围的城市环境质量,例如,消除车站区域的阻碍功能,保持高铁车站周围区域经济活动的多样性和平衡性。最后,政府性主体希望能够最大化地保持高铁车站周边区域的土地价值。

4.2.2 政府性主体的实现能力

政府性主体是高铁车站区域重新发展过程中最重要的影响主体,它是发展规划的发起人,是整个发展过程中的协调者,它具有最丰富的发展站点区域的经验。政府性主体控制着站点周围土地开发的许可权,决定着未来城市发展的方向。在没有市场性主体、国家层面上的支持情况下,对于城市政府性主体来说,实现高铁站点区域发展规划的最大困境就是资金问题。因此,政府性主体通常运用其所掌握的政治权利,对各种空间利益需求进行折中和平衡再分配。在政府性主体制定的规划中,通常要考虑到市场性主体、社会性主体的需求,以期获得资金投资,并获得最大的社会效益。

4.2.3 政府性主体需求实现方式与结果

政府性主体对待高铁带来发展机会和挑战的态度和采取的措施决定了高铁进入城市的接触点、高铁站点及其周边区域的发展状况。政府性主体根据当地需求和实现能力,决定高铁站点的建设投入及发展方向,通常情况下体现在高铁站点的节点质量和场所质量中。

4.2.4 案例分析:欧洲里尔工程

欧洲里尔工程是欧洲高铁发展的最著名案例之一(图4-1),它是高铁带动站点周围大面积的房地产开发,形成商业中心,促进城市发展的典型。其实更准确地说,"欧洲里尔"是指里尔新建的TGV站70 hm^{2}范围内形成的商务区域。高铁的到来吸引了世界各地的公司和企业在此聚集,可以说除了前面提到的绝佳的城市区位,里尔政府性主体有前瞻性的规划和完善的组织协调策略也起到了关键性作用[7]。1992年,里尔工程的市场策略被欧洲学者称为"城市营销"的案例典型,这充分肯定了里尔的政府性主体在这项工程中功不可没。

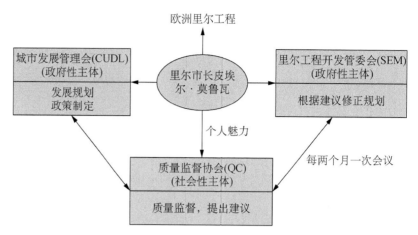

图 4-1　欧洲里尔工程政府主体行为框架

1）需求

1981 年到 1983 年,法国的第一条高铁线路巴黎—里昂 TGV 线取得了巨大成功后,后续的法国高铁站点的发展基本上都是以高铁的到来作为重要的发展契机。当地的政府视高铁为一种发展机会,都竭尽全力来游说和争取高铁线路的经停。欧洲里尔工程也是同样的情况,里尔当地政府性主体期望能够借助高铁带动里尔的经济复苏,促进城市的产业升级,为里尔城市带来新的活力。

2）能力

在欧洲里尔工程规划建设时期,一方面,法国的铁路管理已经市场化,同时法国的 TGV 技术也相对成熟,这为后期高铁站点的发展做好了铺垫。另一方面,在欧洲里尔工程建设发展的过程中已经有了较为完善的发展案例,并且里尔的政府性主体还拥有自己的最大优势,那就是里尔市长皮埃尔·莫鲁瓦(Pierre Mauroy),他具有强有力的人脉网络和超凡的远见,这一切都让欧洲里尔工程的发展如虎添翼。欧洲里尔工程主要有三个重要的机构参与其中,分别是城市发展管理会(Community Urban de Lille,简称 CUDL)、里尔工程开发管委会(Societe d'economie Mixte,简称 SEM)和质量监督协会(Quality Circles,简称 QC)。其中 CUDL 是由多派政党共同管理的区域和城镇发展规划部门,1989 年,里尔市长皮埃尔·莫鲁瓦成为部门主管。该部门主要负责欧洲里尔工程的规划文本及发展策略的制定,之后将规划蓝本交给后续管理开发机构进行利益协调[8]。SEM 是接纳规划文本的后续协调机构,它由政府性主体和市场性主体共同组成,以公司方式运营,不受行政束缚,其中政府性主体占有 SEM 53% 的股份,剩余的由市场性主体掌握。里尔市长皮埃尔·莫鲁瓦同样也是 SEM 公司性组织的负责人。里尔 SEM 中政府性主体主要包括里尔城市发展部门、省级政府部门和大区域级发展委员会,市场性主体主要包括法国国家铁路公司(SNCF)、当地的投资商以及小部分的外资银行。可以说,里尔的 SEM

是由政府主导,协同市场性主体共同以追求经济效益和社会效益为目标,共同管理里尔工程的建设与开发。当接到规划文本后,SEM会共同决策,以均衡政府性主体与市场性主体的利益。而质量监督协会,其实是学习日本的一种所谓的质量委员会的体制,这个协会中都是各领域的专家级人物,分别从建筑、开发项目、经济效果、文化等角度提出专业性的建议,每两个月举行一次研讨会,根据里尔工程当时的发展状况提出相应的建议。

3) 实现方式与结果

欧洲里尔工程的规划、建设和管理涉及政府性主体、市场性主体和社会性主体,并且三类主体在项目中的作用是依次递减的。其中政府性主体起到了最大作用,并且当时政府性主体中的主要负责人里尔市长皮埃尔·莫鲁瓦是欧洲里尔工程成功的关键要素。他抓住高铁发展机会,为里尔的高铁线路积极争取,然后将三个重要的机构衔接起来,让每个部分各司其职,尽量对如此复杂的工程进行分割与项目化,使得里尔工程在政府性主体制定的规划文本基础上,在政府性主体主导的组织协调管理下,由市场性主体与政府性主体共同开发建设,并根据社会性主体(专家)的专业建议不断地完善发展。

在里尔工程的建设发展过程中,政府性主体卓越的领导能力是功不可没的,最主要的就是任28年里尔市长的皮埃尔·莫鲁瓦的作用。20世纪80年代初期,在打破近一个世纪的犹豫后,英国政府和法国政府(当时皮埃尔·莫鲁瓦任法国总理)终于决定建设一条穿过海峡的地下通道,该通道主要用于高铁和汽车的通勤。1987年荷兰、比利时和德国也宣布将加入欧洲北部的高铁网络中来。与此同时,皮埃尔·莫鲁瓦也全力推动里尔的发展工作,承担起了代表里尔社会性主体和市场性主体来说服改变高铁线路的重要角色。他们希望高铁穿过的是法国北部的加来地区,并且希望高铁穿过的是里尔市中心而不是里尔的郊区。刚开始法国国家铁路公司(SNCF)并不同意这个方案,这样会增加时间成本和经济成本。但是在皮埃尔·莫鲁瓦的努力争取与协调下,法国国家政府、法国北部加来地区和里尔市共同出资补偿法国国家铁路公司,使其按照里尔市的要求改变了高铁线路。1988年欧洲里尔工程正式启动,尽管困难重重,但是皮埃尔·莫鲁瓦依然解决了新建高铁车站地区所涉及的土地问题(说服国家将车站地区部分军用土地赠送给里尔市),并且在之后站点周围的开发过程中,皮埃尔·莫鲁瓦的个人影响力继续发挥作用,他说服市场性主体在站点周边地区投资建设。1990年,在皮埃尔·莫鲁瓦的主持下,欧洲里尔工程的发展逐渐转为政府性主体和市场性主体合作的平衡发展模式,从此欧洲里尔进入了多样化的充满活力的建设发展篇章。到目前,欧洲里尔已经成为高铁站点地区建设发展的成功典范,欧洲里尔工程作为区域经济发展策略的一部分,它的发展共包括几个不同的板块,分别为法国银行投资建设的世贸中心板块,里昂信贷机构建设的办公板块,位于两个车站中间的商场、宾馆、娱乐休闲服务设施板块以及当地政府与法国政府共同建设的展览馆和会议中心板块。里尔政府性主体的代表皮埃尔·莫鲁瓦长远的眼光和卓越的领导力是成就欧洲里尔充满活力的新城区区域的关键。

4.3 市场性主体对高铁站点地区发展的作用机制分析

市场性主体是城市中以经济行为为主要行为的利益集团,作为土地开发投资者成为城市建设中最为活跃的利益主体。市场性主体以实现利益的最大化为目的,希望自己的意愿在城市发展的过程中获得表达的机会,并且在建设的选址、开发强度等方面具有重要的影响。无论是国有、合资、外资还是私有企业,它们的主要目的是通过城市空间开发获得最大利润。市场性主体对于高铁带给城市发展机遇的认同和利用是高铁站点周边区域发展的基础之一。市场性主体的空间利益行为能力源自其拥有的资源,主要是资本与资本的联盟,资本越是雄厚的企业,能力越强。市场性主体可以依靠资本形成强大的谈判能力,与政府形成利益共同体[2]。市场性主体不仅重视城市中建成环境在生产和资本积累过程中的使用价值,更看重城市建设本身所能形成的市场需要,从而获得巨额的回报。可以说市场性主体为高铁站点及其周边区域的发展提供经济支持,它们更在意的是投资所能得到的经济回报[1-2],是高铁站点在城市发展中的经济投资者和推动者,是高铁站点发展过程中的重要组成部分。

4.3.1 市场性主体需求

市场性主体一般在站点区域投资土地或房地产类,重视它们投资的回报和长期的发展价值。在车站周边区域发展的过程中,市场性主体对创造新的城市化空间尤其感兴趣,这个空间越大,提供的投资潜力可能就越大。市场性主体往往尽可能地追求最大的投资回报率。投资区域的可达性和区域吸引力会影响它们投资建设的经济价值。因此,市场性主体会投入大量的精力在这两个方面,通过直接(与政府性主体、其他市场性主体合作)或间接的方式(通过专门的政府赋税)作出经济贡献。通常市场性主体希望分散它们的风险,并不希望在车站周边某一区域投入过大的份额,它们会将投资分散在不同的高铁站点周围或其他区域。为了减少风险,市场性主体一般不会投资被它们评价为高风险的区域。

4.3.2 市场性主体的实现能力

市场性主体最重要的资源是它们拥有发展高铁站点区域的经济能力;它们也知道如何有效地开发区域,具有丰富的开发经验;而且部分市场性主体还可能是车站周边某块土地的所有者。这些前提让它们在高铁站点发展过程中必不可少。因为市场性主体具有丰富的投资开发经验和雄厚的经济实力,只有较大的回报利润才能吸引它们,而这利润的本身受到市场性主体在站点区域发展过程中主动性的影响,市场性主体积极地投入资金开展项目对高铁站点发展所起的作用要远大于市场性主体仅仅消极等待车站的发展。

4.3.3　市场性主体需求的实现方式与结果

市场性主体在政府性主体的引导下,根据社会性主体的市场反应,再根据自身的投资利润需求,通过在高铁站点周围投资建设实现其空间利益诉求,同时也影响了高铁站点周边区域的发展方向。

4.3.4　案例分析:日本东京大都市的高铁站点发展

日本是典型的市场性主体主导的发展模式,市场性主体在日本的高铁站点地区发展中起着至关重要的作用。以东京大都市的高铁站点发展来说,高铁站点地区的发展主要涉及政府性主体(Tokyo Metropolitan Government,简称TMG)、私有铁路公司(Private Railway Operators)和东日本铁路公司(East Japan Railway Company)。在日本,政府性主体在高铁站点地区的发展过程中的作用是十分有限的,政府部门主要就是利用规划制定一些土地开发利用的发展条件,如提出开发利用的最大和最小容积率等[9]。私有的铁路公司在高铁站点地区的发展过程中却发挥了重要的作用。

1) 需求

日本的私有铁路公司除了拥有高铁的运营权和管理权外,站点周边地区的多数土地也都属于这些公司,虽然某些土地本属于政府,但是政府会通过拍卖,将土地流入市场[10]。一方面,在日本,政府对高铁站点地区的发展的行政影响很小,仅仅能制定一些土地利用容量等指标,多数时候,政府会制定一些鼓励型政策,如制定相比其他区域较高的FAQ(容积率)来鼓励相关的市场主体到站点周围开发[11]。另一方面,为了保证票价的合理性和社会性主体的社会福利,日本的铁路管理部门严格限制火车票售价。对于日本的私有铁路公司来讲,如果要获得更大的经济利益,就必须要提高铁路服务,并且借助高铁带来的可达性效应,积极开发站点区域,获得更多的高铁站点发展带来的经济效益[12]。

2) 能力

日本东京大都市的高铁站点区域开发所涉及的市场性主体能够根据自己的项目发展需求制定规划,定期向相关的政府部门提交规划,获得批准就可以实施。只是规划需要遵守政府部门下达的土地开发的相关指标。市场性主体拥有大量铁轨周边的土地,由于政府对交通票价控制的力度较大,市场性主体若想获得更多的经济效益,就需要大力挖掘站点地区的土地价值。一般除了从事开发铁路、公交车、出租车以及物流等交通相关的事业外,它们还会参与车站周边地区开发房地产、零售业、娱乐和服务业等非交通相关的事业[13]。这些私有铁路公司考虑到交通可达性与土地社会经济活动能够相互促进,并且东京的政府部门提供了好的政策条件,如开发车站周边土地的优惠税收政策以及无限期的使用权等等,鼓励市场主体开发站点周边区域,保证它们能够实现长期的发展计划。在这样的背景下,东京大都市的相关市场性主体具有很大的积极性来发展建设车站周边区域。它们都积极参与车站周边非交通业务,借助站点区域开发的交通业务和非交通业务相互促进,实现良性循环,既保证车站的空间活力,也保证交通的高使用率和高通勤人数。

3）实现方式和结果

市场性主体期望通过建立站点地区交通功能与城市功能有效的互利机制来最大化地获取高铁带来的经济利益。车站的交通可达性与车站周围的土地开发是互相促进的,大东京地区的私有铁路公司通过开发车站相关的交通基础设施提高车站的可达性,车站可达性的提高使得站点周围土地地价上升,私有铁路公司继续积极开发车站周边的土地,注重土地开发的多样化发展,开发包括房地产、零售业和各种配套娱乐设施等等,为站点周围土地开发带来了动力（图4-2）。房地产的建设又带来了更多的人群,增加了交通的使用率。车站的可达性带来了更多的人在站点周围消费,促进零售业发展;而零售业又不断地吸引人群,利用交通在此集聚;零售业与房地产业之间也互相推动,零售业带来了城市活力,提高了地价;而房地产业为零售业带来了更多的消费者。在这样的一个综合互利的机制下,相关市场性主体积极开发车站及其周边区域,充分利用高铁带来的发展机会和经济效益,使得东京大都市的高铁站点都欣欣向荣地发展着[14-15]。

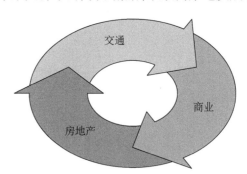

图4-2　东京高铁站点地区的循环开发

4.4　社会性主体对高铁站点地区发展的作用机制分析

社会性主体是城市空间的最终使用者,也是高铁及其相关资源的消费者与使用者。社会性主体的态度和反应决定了高铁站点及其周边区域发展的未来,是市场性主体的利益导向,也影响政府性主体相关政策的制定。

社会性主体是高铁对城市产生影响过程中的反馈者,有时社会性主体不能直接参与高铁发展建设的决策和投资环节,但是却可以通过自己的选择行为和出行行为来影响市场变化,间接地反馈市场需求,引起政府性主体和市场性主体的重视,进而在制定规划与投资建设的过程中有所针对。文章中的社会性主体主要是指普通市民、社会性团体、高铁乘客、站点区域周边居民等。

4.4.1 社会性主体的需求

社会性主体是高铁的日常使用者,也是高铁站点周边区域经济活动的带动者,它们重视交通无缝连接的便捷性和车站周边区域好的城市质量。便捷方便的换乘交通系统会吸引更多的人使用高铁,并聚集在高铁站点周围,带来消费的潜力。高铁站点周围区域的城市质量、吸引力,甚至是给出行人群的各种感受,进一步决定着这些日常使用者使用高铁的频率以及到此消费的决心,这也就间接地影响了车站周围发展的繁荣度。他们用自己的选择行为影响着高铁站点及其周边的发展。而城市内部的居民希望他们的周边区域有好的城市质量和好的可达性,如果高铁站点的发展能够提高这些要素,他们就会对高铁站点的发展产生兴趣。但是他们更关注的是自己居住区域的城市质量,如果车站区域的发展可以提高可达性,但是会对城市质量有所损害,他们仍然会通过自己的选择行为与出行行为投出"反对票"。

4.4.2 社会性主体的实现能力

社会性主体通常没有直接决定未来规划的发展能力,但是社会性主体通过自己的出行选择行为、消费行为等来影响市场发展,影响市场性主体和政府性主体的决策,进而影响高铁站点地区的发展方向。若高铁站点区域的发展能够满足社会性主体的需求,社会性主体将会不断地促进这种发展,而高铁周边区域的不断发展又会吸引更多的人群在此聚集。社会性主体虽没有直接影响高铁站点区域发展的权利和财力,但是市场性主体与政府性主体为实现各自的城市发展需求,会根据社会性主体的出行、消费行为选择等不断进行调整,使得社会性主体间接影响着高铁站点周边区域的发展。

4.4.3 社会性主体需求的实现方式与结果

正如前面所说,社会性主体通常不能直接参与发展决策的制定,它们通过自身的出行和消费行为影响市场需求,进而间接影响决策制定。但是社会性主体产生的影响需要集体力量的发挥,少数人的行为并不能产生大的影响,只有多数人的选择倾向和集体效应会反馈到市场,对高铁在城市中的发展产生间接影响。

4.4.4 案例分析:德国斯图加特 21 项目

德国斯图加特 21(Stuttgart 21)项目是欧洲高铁站点地区发展规模最大的工程之一,也是近代历史上欧洲最有争议的城市大型工程之一[16]。它由于遭到大规模的社会性主体的反对而被迫中止。关于该工程所引起的社会争议恐怕在欧洲很难找到可与之相提并论的案例了。斯图加特 21 项目是德国铁路公司私有化后提出的 21 世纪工程的一部分,该工程的核心思想是重新规划发展巴登—符腾堡州首府中心的火车站周边区域大约 100 hm² 的土地,通过将地上车站移到地下,最大化地提高周边土地的经济价值[16]。20 世纪 90 年代初期第一次提出斯图加特 21 项目的初级规划文本,考虑到斯图加特的特殊地理位置(位于一个狭窄山谷中)和不同利益主体的发展需求,最终规划在斯图加特现有的火车站地下建设一个经停高铁站点,将现有铁路线路改为地下,穿过山谷,通过地下轨道连接德国乌尔姆,这样不但可以克服斯图加特地理位置的限制,还可以利用高铁提高城市中心区域的可达性,也很可能实现与机场的相连,最大化地提高城市的可达性[17]。相关的政府性主体(当地政府、州级政府等)认为这是一个关键城市工程,可以改变斯图加特一直被铁轨分割发展的城市结构。而市场性主体(德国铁路公司 DB 等)也认为这是一个绝好的计划,可以据此来创造经济价值。少部分社会性主体(部分居民、一些环保组织和相关学者等)对该计划产生了质疑,因为这项工程将穿过城市公园,对城市公共环境造成很大影响。但是相关的政府性主体仍然认为斯图加特 21 项目是一个天赐的机会,可以借机来提升城市在区域中的地位,使其能够成为一个不但适合投资也同样适合居住生活的城市[18]。1997 年站点地区规划方案出台,该规划将两个城市区域重新开发成为高端商务区,但是需要拆除斯图加特最重要的公园和大部分的历史建筑物。与此同时,DB 公司新任董事会认为该项目经济风险过大,有意放弃该项目,但是相关的政府性主体始终认为这是城市发展的关键工程,为了鼓励 DB 公司继续参与该项目,2001 年当地政府性主体以高于市场价的价格购买了 DB 公司卖不出去的房地产[16]。2007 年该项目被重新提上日程,斯图加特高铁站点项目本身就对城市的公共空间产生一些负面影响,而当地政府对投资商的破例经济补贴行为更是让社会公众无法接受。在德国这种民主体制的背景下,社会性主体虽不能直接参与城市工程建设,却可以通过一些途径和形式来影响项目的实施。民众自主集合大约 67 000 人签名,要求政府性主体公开关于此项目的财政支出明细,并且通过公民投票来决定该项目是否开展。但是斯图加特城市发展委员会拒绝了这些要求。从此该工程从开始遭到一部分绿色环保的社会性组织的反对演变成了全州甚至全德国的抗议工程[19]。2010 年,大约有10万名民众抗议游行反对这项工程,很多的服务行业停摆,对斯图加特的城市运行产生了巨大影响,最后当地政府不得不通过德国最具声望的政客来调停此事。斯图加特工程规划文本提出已超过20年,本应早已建设完毕,但是社会性主体的反对和抗议使得该项目直至今日仍然很难启动,该项目昂贵的经济成本、社会成本很可能使其永远无法实现[20]。

4.5 高铁站点建设发展过程不同利益主体的合作方式

前文分别从不同利益主体对高铁站点地区发展的作用机制进行了系统的分析,每一类主体都会以其特有的能力和形式影响着高铁站点地区的建设和发展。这些主体也会以团体合作的形式出现,它们的组合方式则决定着不同主体在其中的作用,进而影响高铁站点地区的建设和发展。世界上多个不同的国家都开展了高铁的建设。1964年日本东京到大阪的新干线开通,拉开了世界高铁发展的帷幕。18年后的1982年,法国开通了巴黎到里昂的第一条TGV,之后德国、西班牙、意大利和荷兰等欧洲国家陆续开通高铁,如今欧洲已形成了较为完善的高铁网络。2008年中国开通了北京到天津的城际高铁,自此中国"四纵四横"的高铁网络迅速展开。但是在不同的社会背景下,不同利益主体间的组织形式也有所不同。日本、欧洲和中国是目前世界上高铁建设的三大区域,它们在高铁的建设和发展过程中,不同的利益主体(政府、市场和社会)以不同的组织形式进行合作(表4-2)。总的来说,日本的高铁建设和发展是典型的市场性主体主导的模式,欧洲的高铁建设和发展是政府引导、与市场性主体合作的模式,而中国则是政府性主体主导的模式。这些不同利益主体不同的组织形式为高铁站点的发展提供了不同的方向。

4.5.1 市场性主体主导模式——日本高铁站点地区的建设和发展

日本高铁及高铁站点地区的建设和发展过程是典型的市场性主体主导模式(图4-3),整个过程主要涉及五个部分的主体,依次为国土基础设施管理部(MLIT,政府性主体)、当地政府、铁路建设交通技术代理(JRTT,半政府半市场性主体)、私有铁路运营商(市场性主体)和交通政策委员会(半政府半社会性主体),但是政府性主体国土基础设施管理部和社会性主体在整个高铁建设发展过程中的影响比较有限,政府性主体的作用主要体现在宏观调控层面上[21]。国土基础设施管理部主要负责为铁路公司授予营业执照,这种执照没有具体的期限,意味着私有运营公司一旦得到执照,只要没有重大的安全问题出现,就能够一直运行铁路服务。除了运行授权,政府性主体还会制定一些管理条例用于稳定铁路票价,以保障公共利益。而交通政策委员会是建议型的服务部门,由专家学者组成,负责起草大都市圈的发展规划,为政府性主体的宏观调控和区域铁路规划提供建

表 4-2　空间利益主体不同合作方式对比

属性	日本	荷兰	中国
高铁建设发展主体模式	市场性主体主导,政府协调	政府性主体引导,市场性主体协调	政府性主体主导
调控层面	政府提供铁路设施,授予运营权,不干涉站点发展规划	政府提供铁路设施,授予运营权,部分干涉站点发展规划	政府提供铁路设施,授予运营权,完全调控站点发展规划
高铁建设及运营	市场和政府建设,市场运营	政府建设,市场运营	政府建设并运营
高铁站点建设开发	市场主体建设运营	政府和市场主体共同建设和运营	当地政府建设和运营
交通与高铁站点土地开发	整合开发	职责部分分离	职责完全分离
站点周边区域开发	市场主体开发	政府与市场共同开发	一级开发由政府负责
衔接公共交通	市场主体开发	政府和市场性主体开发	政府开发
周边社会活动多样性	多样	中等	较为单一
优点	市场敏锐,最大经济效益	公共空间效益和经济效益兼顾	快速汇集最大社会经济资源
缺点	容易忽略公共空间效益	很可能需要长时间平衡各方利益	缺少市场敏感性

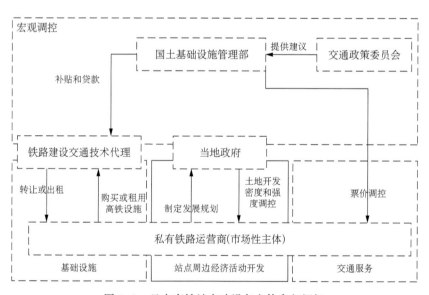

图 4-3　日本高铁站点建设各主体参与框架

议,规划周期是未来 15 年的铁路投资和发展策略规划。在中间衔接层面,当地政府和半国有半私有的铁路建设交通技术代理机构扮演着衔接的角色,当地政府通过制定土地利用密度和强度来影响站点地区的开发,通常相比城市中其他区域,当地政府会给予站点周围的土地更高的土地开发密度标准,以鼓励市场性主体在站点周围积极开发。而 JRTT 受 MLIT 的经济补贴,参与新的铁路线路的建设,铁路建成后,将运营权转让或租用给私有铁路运营商[14]。另外,JRTT 也参与提高换乘效率和缩短旅程时间等相关的站点周围开发项目,但是这些公益性的开发项目一般会得到政府的财政补贴。在站点功能开发层面,市场性主体尤其是私有铁路运营商对于高铁建设和发展则起到了决定性的影响作用。一方面,这些私有的铁路运营商拥有终身的铁路运营权,它们定期制定高铁线路及站点的发展规划交给政府性主体审核,可以租赁 JRTT 提供的铁路,也可以根据公司发展需求和规划独立建设高铁线路。另一方面,高铁站点和相关基础设施基本上都是由私有铁路运营商建设,在政府的票价调控政策和鼓励站点开发的政策下,这些私有铁路运营商积极利用手中的站点地区土地进行房地产和商业开发。为了充分带动高铁服务,充分利用高铁服务对周围站点的经济效益,它们通过建立交通—房地产—零售业之间的相互促进机制,最大化地开发高铁站点地区,提高站点周围空间质量,吸引更多的乘客在此集聚消费,以期获得更多的经济效益[22]。

4.5.2 政府与市场协作模式——荷兰高铁站点地区的建设和发展

欧洲高铁虽然系统多样,但是发展模式基本上都遵循着政府主体引导、市场主体协作的发展模式。以荷兰为例,荷兰铁路的建设和站点地区的发展是在政府引导、市场协调发展的模式下进行的,政府性主体起到重要的引导作用,整个建设发展过程主要涉及四部分主体,分别为荷兰基础设施和环境管理部门(IenM)、荷兰铁路管理局(ProRail)、荷兰交通公司(NS)和当地政府(Municipal)(图 4-4)。在宏观调控层面,主要由荷兰基础设施和环境管理部门以及区域交通管理部门负责。IenM(政府性主体)是荷兰交通网络的"宏观调控者",主要负责荷兰客运交通和交通基础设施的特许权管理以及制定相关铁路建设发展章程。同时它每年都给地方交通管理部门提供补贴,用于下属部门实施常规的铁路日常维护和管理,有时候也用于提高车站可达性、建设车站周围基础设施的专用项目。IenM 具有基础设施管理权和铁路运营权,它将这两项权利分别给予了 ProRail 和 NS。2005 年,该部门授予 ProRail 铁路管辖权,负责基础设施建设,定期向 IenM 提交基础设施建设规划。该部门分配给 NS 铁路运营权,为期 10 年,主要负责交通服务,定期向 IenM 提交规划和固定的交通费用。

在站点地区的建设发展具体操作层面上,Municipal 主导,NS、ProRail 等其他主体共同配合完成站点开发。Municipal 在站点地区的发展中具有双重角色:它负责站点地区发展规划的制定,决定站点地区的选址、土地开发强度等[23];它也参与站点周围经济活动的开发,但是为了保

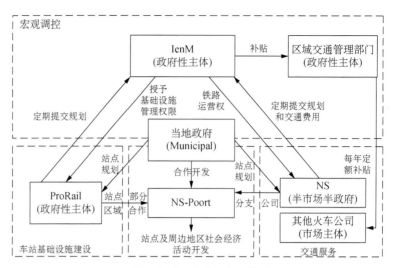

图 4-4 荷兰高铁站点建设各主体参与框架

证政府性主体代表的广泛的社会利益,在参与的开发中,Municipal 都是以保证公共空间质量为第一原则的。ProRail 是整个铁路网络基础设施的管理者,是 IenM 的代表机构之一,具有绝对的处置权,在站点开发过程中,负责新建高铁站点或者高铁站点的更新工程,每年它向 IenM 提供一份基础设施管理发展报告,主要陈述该部门未来要实施的铁路项目[24]。ProRail 负责铁路的建设,之后将铁路运营权转让给 NS,并每年收取固定的费用。它拥有车站建筑和车站 11 m 范围内的所有权,在此范围内任何相关的社会经济活动都要通过 ProRail 的允许。NS 是半私有半国有性质的交通公司,也是荷兰主要的铁路网络运营商,从 2008 年开始,NS 每年需向 ProRail 支付一笔铁路运营费用,这成为 NS 提高交通服务质量的动力之一。NS 主要负责站点周围经济活动的开发,如商场、商店、房地产等。其实 NS 主要业务包括乘客交通服务和站点地区开发两大部门,站点开发部分主要由荷兰铁路建设发展公司(NS-Poort)负责,交通服务业务主要由 NS-Reizigers(负责乘客交通服务)、NS-Hispeed(负责跨境高铁服务)、Abellio(负责国外运营权的收购和运营管理)三个分公司负责。由于 NS 只具有站点内部经济活动的开发权,所以在站点内部经济活动开发时,需要与 ProRail 共同商定完成。总的来说,荷兰的高铁站点地区建设与开发是由政府性主体 ProRail 和市场性主体 NS 共同协调配合完成,不同的主体各司其职,共同推动站点地区的发展。

4.5.3 政府性主体主导模式——中国高铁站点的建设和发展

中国拥有世界上规模第三大的铁路系统,从乘客数量上来说,中国铁路系统是世界上第二大铁路系统。1997 年到 2007 年的 10 年间,中国铁路经历了 6 次提速。2005 年大规模的铁路开发项目陆续展开,同年中国铁道部提出了中国铁路未来的发展规划。2008年,发展规划进一步完善,旨在未来建设"四纵四横"、总长约为16 000 km的客运专线网络。相比其他国家,中国高铁网络的建设和管理是政府性主体主导调控式的模式(图4-5)。中国行政系统层次多,涉及众多的部门,但是无论是高铁的建设还是站点地区的一级开发,都是由政府性主体主导完成,市场性主体和社会性主体基本无法参与站点地区的一级开发。从宏观调控层面,高铁的发展规划都是由铁道部提出,在铁路建设规划的具体实施过程中,铁道部首先与省级政府签订协议,即部省协议[25]。该协议中说明了铁道部和省级政府的分工责任比例,一般铁道部占50%以上,区域政府根据经济情况贡献20%～50%,协议中说明了铁道部对于建成后的铁路具有所有权和运营权[26]。签订协议后,中国铁路开发集团作为铁道部的代表,控制着每一条高铁建设资本的投资过程。按照中国相关政策的规定,政府机关不能直接参与市场活动[27],因此铁道部下属的中国铁路投资公司和省级政府下属的国有投资公司通过从银行贷款,用于高铁线路建设和高铁站点地区的开发。高铁线路是由铁道部与省级政府共同合作建设,铁道部具有铁路所有权。在区域建设层面,省级政府提供土地,对站点选址和线路选址具有一定的发言权。同样的,省级政府会与下一层级别的政府签订分担协议,将任务下发到下一级地方政府,地方政府往往以提供土地的形式来参与高铁建设,其中贡献越大的城市在具体站点选址中越具有发言权。部省协议确立了铁道部在高铁建设和运营中的垄断地位,能很好地解决铁道部在高铁建设中所涉及的土地问题[26]。在中国,基本上所有的城市都愿意签订部省协议,因为从当地政府的角度这是一个双赢的发展项目。

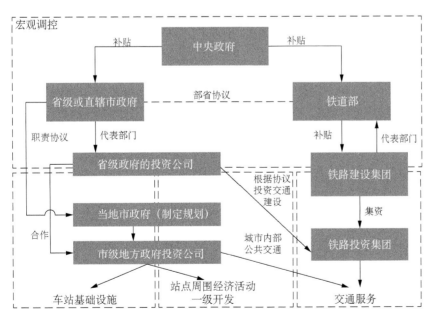

图4-5 中国高铁站点地区建设各主体参与框架

车站的配套基础设施和站点周边的土地开发基本上是由地方政府负责。大多数地方政府在选择高铁站点的位置时，总是倾向于选择城市郊区。这主要是因为相比市区中心，新开发的区域土地价格比较便宜。并且高铁的到来会提高站点周边土地的可达性，促进周边土地的开发，站点周边土地价格或者房地产价格很可能会有大的提升，多数地方政府希望通过这种途径获得财政收益。中国的高铁站点区域的建设开发过程不同于日本的私有铁路公司三位一体互动开发模式，也不同于荷兰的市场主体与政府主体合作的开发模式。中国的站点地区开发往往是城市发展规划的一部分，由当地政府统一制定并实施，虽然当地政府没有铁路的运营权，但却拥有站点周边土地的一级开发权。一般情况下，当地政府会针对站点的开发成立发展委员会或投资公司，根据城市的未来发展目标和发展需求对站点地区发展进行定位开发。市场性主体通常可以在站点地区的二级开发中参与进来，根据当地政府制定的规划进行投资建设。车站周边的公共交通服务则属于城市公共交通发展的一部分，由当地政府统一规划与建设。

4.5.4 不同合作模式对比分析

在日本、荷兰和中国不同的社会制度背景下，三个国家形成了不同的主体合作方式。日本市场性主体主导的组织形式为日本高铁站点地区的发展提供了强有力的市场开发动力，高铁服务与站点地区开发的整合成为市场性主体（私有铁路公司）的重要经济来源之一。日本的私有铁路公司将高铁服务与站点周围联动开发，使高铁的交通功能与站点地区的城市功能息息相关、相辅相成地互促发展，成就了现在日本高铁站点地区高密度、高强度的土地开发模式。在日本，高铁站点地区成为人流、社会经济最密集、最多样的城市空间之一。荷兰的高铁站点地区建设是政府性主体引导、市场性主体配合的开发模式。政府性主体引导高铁的建设和发展，但是在高铁服务的运营管理以及高铁站点周围的开发过程中，更多的是尊重市场化原则，由市场性主体主导开发。但是又不同于日本高铁站点地区的鼓励土地开发政策，高铁站点周围的土地开发同城市中其他地区的土地开发政策无异。政府性主体和市场性主体的共同开发使得荷兰高铁站点地区的开发不是完全地追求土地开发的经济利益，还需要平衡各个方面的公共空间效益。在欧洲的民主体制背景下，不同方案的利益权衡和实施往往需要较长的博弈时间，荷兰在20世纪80年代就提出了建设高铁计划，但是到90年代初期才真正开始实施，用了十几年的时间不断地调整方案，平衡最佳效益分配。中国的高铁建设和发展是在政府性主体绝对主导决策下进行的，无论是高铁线路的铺设，还是高铁站点地区的开发。这种权利的集中能够在最短的时间内汇集最多的社会经济资源，组成强有力的"国家队"建设高铁，开发高铁站点地区，保证规划项目的顺利实施。虽然政府性主体具有行政权力优势，但很可能缺乏市场敏感性，在高铁站点的开发层面,尤其是站点的场所质量发展中,有时候不能很好地满足市场的需求,经济投入产出风险率较高。

4.6 本章小结

高铁站点地区的开发与建设是一个极其复杂的城市发展项目,涉及城市中的政府性主体、市场性主体和社会性主体。每一个类型的主体都依据其各自对高铁的发展需求、能力和行为影响着高铁的建设和高铁站点地区的开发。政府性主体往往通过其行政能力制定政策,提供有利的社会经济政策条件促进高铁站点地区的开发,欧洲里尔工程说明了政府性主体是如何推动高铁站点地区的发展的,也说明了具有远见性和卓越能力的核心领导人将有力地促进高铁站点地区的发展。市场性主体以追求经济效益为最终目标,它们利用市场敏感性和市场开发经验积极开发高铁站点地区,使高铁站点周边开发呈现最大繁荣,日本的高铁站点地区开发就证明了这一点,在市场性主体的主导下,日本的高铁站点地区成为城市中土地开发密度最大的区域之一。社会性主体虽然不能直接参与高铁站点地区的开发建设,但是无论是社会性主体整体的交通服务需求还是高铁站点地区的空间发展需求,社会性主体都可以通过规模性的行为和语言诉求得以表达,并影响相关的政府性主体和市场性主体制定决策。德国斯图加特21项目就是社会性主体通过规模集聚诉求对高铁站点地区发展产生干预的例证。

这些不同的空间利益主体,每个主体都可以通过各自的方式影响着高铁站点地区的发展。而它们在不同的制度下,也可以不同的组合方式给高铁站点地区的发展带来不同的影响(见前表4-2)。高铁站点发展项目越来越需要城市中不同空间利益主体的合作来完成。高铁项目发展方向在很大程度上取决于政府性主体、市场性主体和社会性主体之间的合作关系。市场性主体主导的合作方式有利于高铁站点周边的土地开发、社会经济活动的集聚,交通服务的高效率利用,但同时也带来了各种社会和环境问题。政府性主体引导、市场性主体合作的方式有利于高铁站点地区兼顾公共城市空间和经济开发的双重效益,但是多主体的参与也很可能带来漫长的商定过程,使项目实施周期过长,甚至搁浅。政府性主体主导的方式有利于短时间内最大限度地集聚各种社会经济资源,开发与建设高铁站点地区,但是行政的过分干预,很可能降低了高铁带给城市的经济效益。

第4章参考文献
[1] 曹风晓.城市规划师笔下的利益均衡法则[D].重庆:重庆大学,2011.
[2] 何兴华.空间秩序中的利益格局和权利结构[J].城市规划,2003(10):6-12.
[3] JOHN P, COLE A. Political leadership in the new urban governance: Britain and

France compared[J]. Local Government Studies,1999,25(4):98-115.

[4] 王宝华.中国城市规划中的利益平衡——兼论我国旧城改造规划中的矛盾[D].长春:东北师范大学,2008.

[5] VAN DEN BERG L, VAN DER MEER J, POL P M J. Social challenges and organising capacity in cities: experiences in eight European cities[J]. Farnham: Ashgate, 2003.

[6] 张庭伟.城市化作为生产手段及引起城市规划功能转变[J].城市规划,2002,26(4):69-74.

[7] DOVEY K. Multiplicities and complicities: signifying the future at Euralille[J]. Urban Design International ,1998,3(8):89-99.

[8] BERTOLINI, SPIT T. Cities on rails: the redevelopment of railway station areas [M]. London: Spon, 1998.

[9] MIZUTANI F. Japanese urban railways: a private-public comparison [M]. Farnham: Ashgate, 1994.

[10] SORENSEN A, OKATA J, FUJII S. Urban renaissance as intensification: building regulation and the rescaling of place governance in Tokyo's highrise manshon boom [J]. Urban Studies, 2010, 47 (3):556-583.

[11] SORENSEN A. Subcentres and satellite cities: Tokyo's 20th century experience of planned polycentrism[J].International Planning Studies, 2001,6 (1): 9-32.

[12] MORIYA H. Japanese urban railways: markets, capital formation and fares of private railways[J]. Japan Railway & Transport Review,2004, 37:16-25.

[13] SUGA T. New master plan for Tokyo's urban rail network[J].Japan Railway & Transport Review, 2000,23:31-36.

[14] CHORUS P. Station area developments in Tokyo and what the Randstad can learn from it[D]. Amsterdam: University of Amsterdam, 2012.

[15] CHORUS P. Transit oriented development in Tokyo: the public sector shapes favourable conditions, the private sector makes it happen[M]// CURTIS C, RENNE J L, BERTOLINI L. Transit oriented development: making it happen. Farnham: Ashgate, 2009: 225-238.

[16] NOVY J, PETERS D. Railway station mega-projects as public controversies: the case of Stuttgart 21[J].Built Environment,2012,38(1):113-128.

[17] Anon. Stuttgart 21[EB/OL]. (2013-05-15)[2019-04-19]. http://www.bahnprojekt-stuttgart-ulm.de/en/permanent/english/.

[18] NOVY J, PETER D. Train station area development mega-projects in Europe: towards a typology[J]. Built Environment,2012,38(1):12-28.

[19] Anon. Wikipedia-Stuttgart 21[EB/OL]. (2013-05-15)[2019-04-19]. http://en.wikipedia.org/wiki/Stuttgart_21.

[20] Anon. Stuttgart 21 may yet fail: Berlin alarmed at surging cost of rail project [EB/OL].(2013-05-15)[2019-04-19]. http://www.spiegel.de/international/business/berlin-alarmed-at-cost-overruns-of-stuttgart-21-station-project-a-880112.html.

[21] SHOJI K. Lessons from Japanese experiences of roles of public and private sectors in urban transport[J].Japan Railway & Transport Review,2001,29(12):12-18.

[22] Anon. Tokyo metropolitan government. Tokyo railway stations [EB/OL]. (2013-06-17)[2019-04-19]. http://www2.wagamachi-guide.com/tokyo_

tokeizu/.

[23] EVERS D, JANSSEN-JANSEN L. Provincial diversity: a preliminary assessment of the implementation of the 2008 Dutch spatial planning act at the provincial level [Z]. Dortmund: Paper Presented at the Planning Law and Property Rights Conference, 2010.

[24] PRIEMUS H. Recent transformations in urban policies in the Netherlands [M]// GRAAFLAND A, HAUPTMANN D. Cities in transition. Rotterdam: 010 Publishers, 2001: 388-403.

[25] DAI G, SALET W, DE VRIES J. Why high-speed railway stations continue China's leapfrog urbanization: institutional parameters of urban development[J]. China City Planning Review, 2013, 22(1): 49-59.

[26] WANG J, RONG C, et al. The funding of hierarchical railway development in China[J]. Research in Transportation Economics, 2012, 35(1): 26-33.

[27] CHEN J, ZHANG M. High-speed rail project development processes in the United States and China [J]. Transportation Research Record: Journal of the Transportation Research Board, 2010, 2159: 9-17.

第4章图表来源

图4-1至图4-5源自：笔者绘制。

表4-1、表4-2源自：笔者绘制。

5 高铁站点地区发展的动力机制及其类型研究

高铁对城市空间的影响往往通过高铁站点提供的交通服务（可达性的提高）和站点周边区域有序的空间组织得以体现。高铁的到来提高了车站区域的可达性，可达性的提高为站点地区的土地开发提供了发展机会，但是高铁站点地区到底会如何发展？正如前文所述，城市的基础条件和城市中相关的利益主体起到了关键性的作用。在城市本底条件的基础上，相关利益主体对高铁带来的机遇与挑战作出的反应和措施，决定着高铁在城市发展中将要扮演的角色，影响着高铁站点地区的发展类型。

5.1 高铁站点地区发展的动力机制

高铁站点地区既作为城市的交通枢纽之一，又作为城市公共空间的一部分，具有节点质量与场所质量两个基本特性。节点代表其交通功能，需要其具有快速疏散与集聚之能效；场所主要反映其城市功能，需要其具有驻留城市活力与转变城市生活之效应。车站的场所质量与节点质量之间本身就存在着一种竞争与协同的关系，需要在城市空间发展过程中不断进行调整和平衡。某一站点地区节点质量的发展将提高区域交通可达性，这就为站点周边区域的发展提供了良好的发展条件。高铁站点地区全新的交通系统和升级能够带来新的交通客流并改变过去的交通模式，为站点地区的土地开发提供动力。相应的，站点地区场所质量的发展能够吸引新的城市活动聚集到车站区域，并增加使用高铁站点区域交通服务的出行者数量。出行者数量的不断增加，就有可能吸引更多的城市经济活动，尤其是那些需要一定消费门槛的商场或者宾馆，不断增加的客流意味着车站区域更多的潜在消费力，这就有可能转变为推动车站区域经济发展的催化剂。站点地区社会经济活动的集聚也带来更多的交通需求，为交通系统的进一步发展提供积极条件。在没有外界条件干扰时，站点地区节点质量或场所质量的发展都会为另一个属性带来积极发展的条件，两者相互促进，循环发展[1]。但是在现实情况中，由于受社会、经济、制度等多方面因素影响，站点地区的节点质量与场所质量并不总是同时发展的，甚至存在着节点质量与场所质量没有良好耦合、没有协调发展的案例[2-3]。站点地区节点质量与场所质量具有各自的发展特点，并且两者之间具有良好的循环互馈机制；但在现实的城市发展过程中，每个城市因地而异地提供不同的基础发展平台和成长动力(图5-1)。

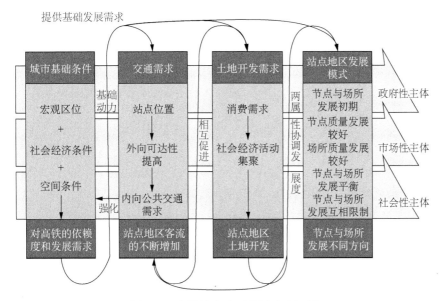

图5-1 高铁站点地区发展动力机制

一方面,城市的本身条件为站点地区发展提供基础动力,城市的宏观区位影响城市可达性的变化,站点在城市中的位置为站点周边的发展设置了"硬件条件",城市的社会经济条件为站点周边的发展设置了"软件条件"。城市的这些基本条件都决定着城市对高铁站点的发展需求、高铁站点的发展基础动力条件以及站点地区的发展与城市空间的关系。从车站的场所质量来说,依据城市本身条件,就会形成不同的发展类型,城市的宏观区位影响着高铁经停方式和频次,站点位置和城市空间条件影响着站点地区的发展质量。从车站的节点质量来说,车站的可达性也不再仅仅是指外向交通,与之相连的城市内部交通服务也是非常重要的。位于中心的车站通常具有多样化的公共交通条件,但私家车的可进入性较差;位于郊区的车站,私家车的可进入性较好,但是需要大量投入人力、财力和物力建设其他公共交通设施。只有完善、多样并且无缝衔接的内向交通才能够最大化地发挥高铁的积极带动作用。城市的经济条件则影响着城市对高铁站点的发展需求,例如有些城市将高铁站点地区的发展定位为城市的大型更新工程,或者强化城市中心工程,或者重新利用工业用地项目,或者创造新的城市中心(尤其是位于城市中心外围的车站),如欧洲里尔工程、巴黎北站和列日吉耶曼高铁站都属于强化中心型,而布鲁塞尔南站和里昂帕尔杜诺站都是创造新的经济区类型。

另一方面,在不同的制度下,不同的相关空间利益主体有不同的组合方式,为站点地区的发展提供不同的成长动力,带来不同的影响。在高铁站点及其周边地区的发展过程中,不同的主体根据实际情况和各自的利益需求采取的行动影响着高铁站点的发展方向。如政府性主体可能既期望高铁站点周围交通功能不断完善,节点质量显著,又期望高铁站点周边城市功能的建设惠及大众,吸引众多的经济活动集聚,带来周边经济的发展。市场性主体则是以经济利益为首要目的,重视它们投资的回报率,无论是节点质量还是场所质量,只要有经济效益的地方,它们都会积极参与,关注高铁站点双重属性带来的经济效益。社会性主体更注重高铁带给城市的社会效益,例如高铁快捷的城际交通,高铁站点周边完善的公共交通,良好的城市空间质量。这些不同空间利益主体的综合表现成为高铁站点发展的成长动力的组成要素,使得高铁站点的节点质量和场所质量沿不同的方向发展[4]。市场性主体主导的合作方式有利于高铁站点周边的土地开发,社会经济活动的集聚,交通服务的高效率利用;政府性主体引导、市场性主体合作的方式有利于高铁站点地区兼顾公共城市空间和经济开发的双重效益;政府性主体主导的方式有利于在最短时间内集聚最多的社会经济资源,开发建设高铁站点地区,保证高铁项目建设的可操作性[5]。可见协调的规划制度和规划上的利益主体间发展目标的整合与紧密的合作,共同的、积极的参与是高铁站点项目交通与土地利用协调发展的必要条件[6-7]。组合方式的不同将为高铁站点属性质量的发展带来不同的发展方向。

可见城市基础条件决定了城市对高铁站点发展的需求,这种需求包括了交通需求、土地开发需求和站点发展模式需求,这些需求之间有着联动作用关系。城市基础条件影响着高铁站点的位置选择和高铁站点的硬件发展条件。某一区域交通需求的增长和站点可达性的改善引起聚集客流的不断增加,带来站点地区消费需求的增加,进一步吸引社会经济活动的聚集,引起土地开发需求的变化。其实交通系统代表供应系统,土地利用是功能在空间上的集聚,代表需求的一方。交通技术的改进、投资与服务的变化都会影响整体或特定地点的可达性,可达性的变化将导致土地使用功能、强度的改变,从而使土地使用在空间上重新分布、调整[8]。交通需求与土地开发需求之间具有互馈机制,相互促进发展。之后城市基础条件、交通需求与土地开发需求又共同作用于站点的节点质量与场所质量的发展。在高铁站点发展的整个过程中,空间利益主体(政府性主体、市场性主体、社会性主体)贯穿始终,是城市基础条件、交通需求、土地开发需求及站点属性质量发展的动力。

5.2 高铁站点节点质量的发展

高铁站点的节点质量是指高铁站点的交通功能,既包括高铁站点提供的外向交通服务,又包括与高铁服务紧密相连的城市公共交通服务。只有外向交通与内向交通高效衔接,才能发挥高铁站点快速疏散与集聚的能效。

5.2.1 城市外向交通条件

城市外向交通条件是指城市与其他城市或区域联系的交通条件,对于一个城市来说,高铁的设站会改变城市在城市群中的地位,改变其经济区位。城市设站经停的高铁线路越多,高铁带给城市的发展机会就越多。根据高铁线路经过城市的形式,城市中的高铁站点可以分为经停站、枢纽站和终端站。经停站一般只有一条高铁线路经过,且停留时间较短,带来客流量有限,这样的高铁站点对城市发展产生影响的平台较小。该类城市想要发挥高铁带来的正面影响,需要城市中不同利益主体根据实际情况协调配合。枢纽站是多条高铁线路在城市中汇集经停,明显地改变了城市的交通区位,将会带来大量的客流,为高铁给城市带来正面影响奠定了良好的基础条件。终端站是高铁线路始发站或终点站,终端站是高铁集聚与分散效应体现最明显的站,它既为高铁给城市带来影响奠定了良好的基础条件,也带来了巨大的挑战。

显然,一个城市汇集的高铁线路越多,该城市的高铁交通也就越有吸引力。但是高铁只是影响城市交通区位条件的因素之一,出行者从始发地到目的地之间可能需要多种交通方式换乘,需要各种不同交通的无缝连接和方便换乘,例如航空、普通火车、汽车等交通方式。如果高铁城市能够将这些外向交通方式无缝衔接,那么不但会缩短出行时间,人们也可以非常方便快捷地选择其他交通方式,这将大大提高高铁城市的吸引力,带来更多的客流,提供更多的发展机会。总之,一个城市良好的外向交通条件,特别是多种高铁线路的汇集和完善的高铁后续交通选择,对于高铁站点的发展具有重要作用。

5.2.2 城市内向交通条件

高铁车站作为城市间长距离和城市内短距离的换乘枢纽,既是区域交通网络中的节点,又是城市内部交通网络的节点。通常来说,高铁的连接对城市的内部基础交通条件提出了较大挑战。相比其他交通方式,高铁的优势在于节省出行时间,可以实现"一日往返",为人们从事其他活动节省更多的时间。但高铁节约的出行时间,一方面是由于高铁本身的高速,另一方面是由于其与市内交通的无缝连接,缩短了附属交通时间。可见城市内部的交通条件是高铁站点地区发展的重要前提之一,良好的城市内部交通才能更好地发挥高铁的催化剂或促进剂作用[9]。城市内部交通条件主要是指高铁站点周围的公共交通条件,包括各种交通方式的无缝连接和停靠条件。

高铁站点与其他交通方式的无缝衔接包括两种情况:第一是高铁与城市公共交通(轻轨、地铁、公交车等)的无缝衔接。与高铁相连的城市公共交通系统需要具有满足高铁客流的交通能力、交通服务质量和交通频率,高铁带来大量的人群,产生大量的服务需求,城市内部交通需要好的适应能力去满足这些要求。另外,高铁不同于普通火车,它更多的是服务于中高端人群,服务对象发生改变,这就要求提供的衔接交通服务能够在速度和舒适度上与高铁提供的服务质量尽量相似,才能更好地吸引人们选择高铁出行,也才能刺激更多的商务出行选择高铁。车站区域的更新也为重新升级城市公共交通提供了机会,例如可以发展地铁和轻轨。高铁站点与其他交通方式的相连可以提高公共交通的换乘能力和质量,减少换乘时间或者说整个旅程时间,这些辅助性质的公共交通的投资建设会给高铁乘客以及车站周边区域相关利益主体提供良好的交通选择。第二是高铁站点与机场的直接相连,既能够提高车站区域甚至整个城市区域作为商业区位的吸引力,同时也能够加强高铁作为补充航空交通方式的吸引力[10]。例如中国上海的虹桥高铁站点、荷兰阿姆斯特丹的斯基普车站,就分别同城市内的机场相互补充、相互促进。与机场相连可以说是高铁站点地区更新工程的重要组成部分。但是从以往的经验来看,有时实现这两种交通方式的整合会有很大的阻力,只有巨大的额外投资和不同利益主体的通力合作才能够克服这样的困难。

同时高铁站点的停靠条件也是刺激人们使用高铁的一个重要因素。从服务质量的角度来说,私家车或出租车的服务与高铁的服务质量是最为相似的,尤其是对于那些潜在的偏于使用私家车或出租车的高铁乘客,以及那些商务乘客,他们非常注重舒适度和出行时间。当车站私家车的可达性提高时,高铁这种交通方式就会更加有吸引力。在以往的调查中可以发现,高铁乘客多为中高端商务出行,这类乘客更偏向于选择私家车作为城市内部交通方式。因此,高铁站点私家车的可进入性变得十分重要,成为高铁站点节点质量的重要指标之一。公共交通的停靠与高铁站点的选址是密切相关的,高铁站点的选址通常有城市中心型、近郊型和郊区型。中心型高铁站点一般是过去旧火车站的升级,周围公共交通比较完善,利于不同交通方式的无缝换乘,会很快地适应高铁站点带来的客流需求,尽快发挥高铁的效应。但是中心型高铁站点受到周围土地的限制,发展空间有限,并且私家车的可进入性差。近郊型是我国很多城市选择的站点类型,这个位置的站点往往公共交通有一定的发展,但还不能满足高铁客流的需求,需要政府性主体在后期发展中不断引导才能发挥正面效应。郊区型站点位于距离市中心较远的区域,周围公共交通不完善,与高铁的无缝连接差,交通服务质量也不能满足高铁乘客的需求,这对高铁发挥效应产生一定影响,大大削弱了高铁对人们的吸引力。只有后期不断地完善公共交通,高铁的效应才会逐步地发挥出来。因此高铁车站节点质量的发展应包括通过增加多种公共交通方式来提高站点的可达性,在节点能够汇聚的交通方式越多,这个节点的吸引力就越大。

5.3 高铁站点场所质量的发展

高铁站点的场所质量指高铁站点区域的城市功能。站点区域作为城市的公共空间之一,能够聚集人群,并吸引商业活动。只有具备较好的城市空间质量,不单纯强调土地开发的密度和强度,更重视土地开发的多样性,以及与节点质量的搭配协调度,才能够充分地发挥高铁站点驻留城市活力与转变城市生活的效应[11]。

5.3.1 站点周边区域新经济活动的集聚

高铁提高了站点周边区域的交通可达性,若公共交通配合得当,则高铁站点的中心性被不断加强,高铁站点区域将会对城市的空间信息流产生集聚性影响,吸引新的城市经济活动。无论是商业、商务还是居民,都更愿意选择能够提供较好可达性的高铁站点的区域。尤其是对于新开发的站点区域来说,在空间组织上,高铁站点的建设表现出最大限度地立体综合开发利用城市空间,释放大量的城市空间,包括地上、地下、车站周围以及过去那些被铁轨等基础设施占用的土地,为城市新的经济活动提供空间[12]。充足的城市空间有条件吸引更多新的经济活动在此聚集发展,为城市创造新的经济活动场所,此时高铁站点成为带动周边区域发展的重要催化剂。

5.3.2 站点周边区域城市活动的重新配置

高铁不同于普通铁路,其服务人群更偏向于中高端人群,高铁站点周围区域的服务也就不同于普通火车站周边区域。在重新开放的高铁车站区域,过去的城市活动很可能不再适合。在市场的引导下一些经济活动和居民都会或多或少的被强迫到其他地方发展,低端活动会被中高端活动不断地排挤出去[3]。这样的分配效应对于当地经济是有益的,进一步促进了站点周围区域经济活动的更新升级,提高站点周围城市空间质量,为城市发展注入活力[13]。在用地方式上,高铁站点往往是城市进一步完善交通网络的促进剂,尤其在城市中心部分,高铁的到来促进了车站周边区域的升级改造,可以说一项开发引起更多的开发,成为周边区域连锁开发的促进剂。为了满足高铁乘客的消费需求,周边的城市发展也将不断升级改造。

5.3.3 高效均衡多样化的土地利用模式

如前所述,在高铁站点场所质量的带动下,高铁站点周围区域很有可能吸引大量城市经济活动聚集,例如办公、商场、宾馆、房地产、会议中心以及城市娱乐休闲等等。如果高铁站点周围的土地利用过于单一,很可能在一天的某些时段,高铁站点周围会显得过于"荒凉"。对于很多人来说,这样的区域缺少有吸引力的街区的"忙碌",而且这样的环境会让居民和出行者有一种不安全的感受。如果车站区域只被办公区包围,会使人们产生隔离感,人们就会犹豫是否在上班时候使用公共交通系统。若高铁站点周围区域的土地利用多样,城市经济活动丰富,再配合完善的公共交通、充满活力的城市环境,会吸引人们到此并使用这里的公共交通[12],提高交通使用率。而且不同城市利益主体会考虑到这样充满吸引力的区域投资或者置业,车站周围的经济价值也就不断地提高了[14]。

如果高铁站点周边区域土地利用过于分散,致使城市活动在空间上处于分离或分散状态,不但会降低交通系统的利用效率,而且也不能充分利用城市公共交通系统。若严格区分城市的不同功能区,很容易造成高峰时段的单向交通繁忙,并且引起交通拥堵,交通系统也许只能在高峰时段会被充分利用[15],在其他时间使用效率不高。任何一个高铁站点的建设都需要大量的人力、物力和财力,高铁站点的建设和发展经济成本很高。如果高铁站点周边区域的土地利用形式过于单一或分散,则很容易导致经济低效,在经济效益和社会效益两方面都是无益的[16]。因此,只有具备一个较好的混合着不同城市经济活动的周边区域,高铁站点才能够被更好地利用,其场所质量才能发挥得更好。

5.3.4 站点周边空间质量的整体设计

空间质量不但影响区域形象,还能改变人们的"意向图",也就是说可以影响商业和居民对区位的选择。因此,空间质量是车站区域开发或重新开发的精髓之一,也是使城市与众不同的最基本要素之一[17]。空间质量并没有一个确切定义,这是因为它常与公共空间的结构外观、嵌入在周围区域的建筑物、建筑的样式等要素都相关。最关键的是不同的城市利益主体对空间质量有不同的理解,因此很难给出某个计划或项目发展时较高空间质量的具体要求和原则。笔者认为对于高铁站点区域而言,开发区与次级开发区之间的协调度和站点建筑的群体景观地标性是空间质量的关键要素。首先高铁站点的设计应上升到地段、区域、城市的高度来考虑,高铁站点地区的城市空间质量应与周边的城市空间相互整合,不独立,不脱节,能够很好地将高铁站点的交通空间与城市空间衔接起来。如果这两个区域缺乏足够的协调和互动,高铁站点周边区域的空间质量就存在问题。好的空间质量应该是高铁站点成为城市区域的关键节点并与城市整体结构形成有机的流动、渗透、交叠等延展性关系[8]。再则高铁站点标志性的设计也十分重要,高铁站点往往是城市对外交往的门户之一,是人们到达一个新的城市的第一印象,它的设计也是城市空间质量的关键要素[18]。高铁站点设计的标志性概念,注重的不再只是一幢单个建筑的造型,而是扩大到周边区域的环境,追求整体设计,追求地段群体景观的地标性。因此高铁站点应破除条块划分的弊端,注重高铁站点周边区域交往场所气氛的塑造和公共空间魅力的发挥,提高站点周边区域的城市空间质量[19]。

5.4 高铁站点地区的发展类型

高铁站点地区的发展是一个不断完善和更新的过程。如前文所述,高铁站点地区具有节点质量和场所质量两个基本属性,它们之间具有相互促进的互馈机制,但是在城市本底基础以及城市中不同利益主体的影响下,存在不同的发展阶段和发展状态[20]。对于节点质量而言,内向交通和外向交通系统发展质量的不同,决定着高铁站点到底只是一个交通连接器还是重要的交通枢纽。所谓交通连接器是指高铁站点目前仅具有基本的交通功能,其可达性在城市的整个交通网络中处于初期发展阶段;交通枢纽是指其可达性在交通网络中具有中心地位。而对于场所质量而言,根据空间质量发展阶段的不同,高铁站点周边区域可以分为仅仅是个能够会面的城市地点,还是重要的城市经济中心。所谓会面地点,是指高铁站点周边的土地开发不完全或还未开发,聚集的城市活动单一,仅作为基本的城市空间;城市经济中心是指高铁站点周边土地开发多样,聚集丰富的城市活动,城市空间质量高,在城市空间结构中也扮演着重要的经济增长极的角色。节点质量和场所质量发展阶段的不同组合,就形成了不同类型的高铁站点地区。基于此,根据高铁站点场所质量和节点质量的发展程度和发展质量,将高铁站点分为五种发展类型,即自组织发展型、交通引导型、交通追随型、平衡发展型和限制发展型(图5-2)。其中限制发展型不同于其他类型,是节点质量与场所质量过度发展形成的互相限制发展的不经济类型。

		场所质量发展		
		城市经济中心 (完善/较为成熟)	会面地点 (一般/基本未开发)	
节点质量发展	交通枢纽 (内外交通完善)	平衡发展型	交通引导型	强
	交通连接点 (交通服务少)	交通追随型	自组织发展型	弱
		综合条件较好	综合条件较差	利益主体参与的广泛度和积极性
		城市发展基础和条件 (宏观区位、空间条件和社会经济条件)		

图 5-2 高铁站点发展类型

5.4.1 自组织发展型

自组织发展型的高铁站点多为新建高铁站点,多分布在距离市中心较远的郊区,城市发展条件较差,利益主体的参与性和开发兴趣也较低,交通发展质量和城市空间质量都不是很好,处于初级阶段,目前只是城市交通网络中的"连接器",高铁站点周边发展还没有大的改变,土地利用类型较为单一,周围服务设施较少,可以作为城市的简单会面地点,但还未成为城市的发展中心。但是其城市功能与交通功能处于相互依赖、相互调整的发展过程中,可以说这种类型的高铁站点周边区域还是"一张白纸",城市中的不同利益主体的利益需求发挥的空间很大,在城市本底基础条件下,利益主体若能抓住高铁带来的发展机遇,则会引导这种类型的高铁站点不断地向城市交通枢纽和城市中心发展。

案例:天津武清站。

武清站位于天津市武清区,是京津发展轴上的重要节点,是往返北京与天津的必经之路,也是天津对接北京的门户。武清区处于京津高新技术产业带上(图 5-3),拥有国家级高新技术产业园区,经过十几年的发展,已经形成了新型建材、新材料、电子信息、生物医药、汽车及零配件等支柱产业。同时其经济区位良好,距北京 71 km,距天津 30 km,距首都机场 90 km,距天津机场 35 km,距塘沽港 70 km。武清站位于武清区较为边缘的位置,距离武清中心城区和产业园区都有一定距离。

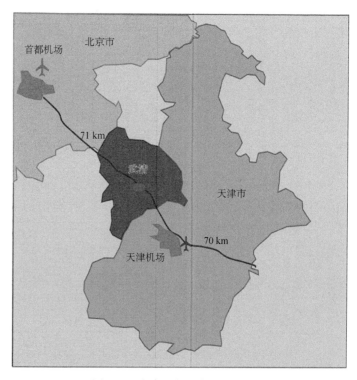

图 5-3　武清区在京津区域的区位

1) 武清站节点质量的发展

武清站是京津城际铁路天津段的第一个经停站,该车站目前只运行京津城际列车。每天从北京南站经武清站发往天津的列车有13列,从北京南站至武清站需20分钟,从武清站至天津站需14分钟,在武清站停靠1分钟,平均发车间隔67.5分钟。从天津经武清站发往北京南站的列车也有13列,从天津至武清站需11分钟,从武清站至北京南站需23分钟,在武清停靠1分钟,平均发车间隔61.25分钟。武清站是侧式月台2面4线地上车站,车站结构十分简单,仅有2层:一层为乘客进出购票、检票区域,以及面积较小的候车区域;二层为列车停靠站台,站内没有成规模的餐饮娱乐等服务设施。

目前武清站周边的公共交通设施很不完善(图5-4),与武清站相连的城市公共交通,如换乘的公交车、地铁等均未建设起来,正规出租车也较少在武清站周围停留。只有三线公交车,分别是611、607和564。其中564是连接武清区其他区域的公交车,另外两线则驶往天津市区。其中564车每日频次为29~43次,全程时间约23分钟。武清高铁站点目前仅有一个北出口,与周边区域的步行可达性差,出口前面就是停车场,能容纳大约150辆车,平时仅有10~20辆,且多为"黑车",管理比较混乱。总的来说,武清站的交通尚处于初始开发阶段,各种交通方式的衔接还没建成,只有少量公交车在此经停。站口有私人性质的"黑车",虽然能直接到达目的地,但安全性和舒适性不能保证,且与高铁站点的客流特征不相匹配。从上可以发现,目前的武清高铁站点远远无法做到无缝换乘,没有形成较具规模的节点质量,仅仅作为武清连接周边区域的一个交通连接器。

图5-4 武清站点站前交通现状

2）武清站场所质量的发展

地区公共空间的设置在很大程度上决定了地区容纳公共活动的能力，过多或过少的公共空间都会影响其城市活力[21]。一方面，武清站的车站建筑本身就是一个极其简单的无任何设计感的车站，交通站点的设计通常是人们到达某一区域的第一直观感受，武清站目前的设计和发展状况，难以给人安全舒适的体验，对人们的吸引力很小，很难吸引城市活动在此集聚。另一方面，武清站周边土地处于待开发状态，相关的商业服务设施都还未发展起来，站点与周边区域交流甚少，站点周围土地大多处于荒芜的待开发状态。武清站的方向是坐南朝北，正对面不到 100 m 的地方就是一个大型的集购物和娱乐为一体的休闲场所及佛罗伦萨小镇。佛罗伦萨小镇是中国首个纯意大利风格的大型高端名品折扣中心和休闲文化中心，占地面积 18 万 m^2，设有奢侈品、国际名品、运动和户外以及休闲四大特色购物主题体验区[22]。小镇设有公交车站、出租车停靠点以及每日往返于天津和北京的购物班车，两个方向各两个班次，专门接送前来购物的客人。通过对佛罗伦萨小镇工作人员及购物乘客调查得知，到小镇来消费的客源主要来自北京及天津周边地区，购物小镇的客流定位是中高端消费，镇内主要为一线奢侈品牌的打折店，来此消费的顾客多为有专门奢侈品购买需求的顾客，他们多是开私家车而来。同时，佛罗伦萨小镇的消费客流具有季节性和时段性特征，通常周末或节假日客流量较大，而平时客流量较少。武清站周边 500 m 范围内，除了正北方向的佛罗伦萨小镇外，其他区域多为待开发的区域和建设中的返迁社区（图 5-5），这些已经开发和待开发的区域与武清站基本无任何城市活动的交流，周围呈现一种荒芜状态，基本

图 5-5　武清站场所质量的发展现状

无城市空间质量而言。目前的武清站仅仅作为城市中一个能够会面的公共空间,处于场所质量的发展最初期。

3) 武清站的发展类型

综上所述,武清站目前的节点质量和场所质量发展还没有形成规模,也没有形成互馈机制,其节点质量和场所质量都处于车站发展的最初期,目前属于自组织发展型高铁站点。

5.4.2 交通引导型

交通引导型的高铁站点多为新建高铁站点,分布在城市中心区与郊区之间的过渡地带,交通功能已体现得较为明显,是城市交通网络的枢纽之一。其节点质量发展较好,相比交通功能,其城市功能还不够完善,不能满足高铁站点带来的大量客流的多样性的服务需求,还不能成为城市的重要发展中心,城市空间质量发展不够好。但这种类型的高铁站点由于公共交通比较完善,周围区域的可达性较好,会不断地吸引经济活动和客流聚集,如果城市中的利益主体能够抓住这样的发展机会,这种类型的高铁站点的场所质量和节点质量会逐渐发展平衡,是很有发展潜力的类型。

案例:北京南站[20]。

北京南站坐落于北京市西城区、东城区及丰台区交界处,位于北京南城的三环边界。该地区的经济发展相对落后,相比北京其他地区商业不是十分发达,对于南站周围的批发零售业来说,市中心完善的购物中心,加上与高铁枢纽、公交车的无缝换乘,加强了其对高铁乘客的吸引力[20]。由北京南站到达西单商业区,乘坐地铁4号线直达,只需要15分钟。方便的地铁线及强大的商业核心引力将高铁所带来的人流迅速吸纳到其他中心区域,减弱了北京南站的城市功能(场所质量),进一步加大了北京南站的交通功能(节点质量)。

1) 北京南站节点质量的发展

北京南站作为京津城际高铁以及京沪高铁的起点站,东端衔接京津城际高铁和北京站,西端衔接京沪高铁、北京动车段与京山铁路、永丰铁路,成为集高铁、普通铁路、城市轨道交通与公交车、出租车等市政交通设施于一体的大型综合交通枢纽站[23]。北京南站日均进、出站量约9万人次,京津城际高铁的乘客是北京南站的主要乘客,出站客流量约4万人次/日。每天约58列高铁往返于北京和天津之间。北京南站作为节点的交通功能十分突出,北京南站候车空间巨大,可容纳10 500人同时候车。南站建成后,南站周围区域的交通可达性发生了巨大改变(表5-1),还实现了地铁、国铁、公交车等多种交通方式的无缝连接和零换乘。地铁4号线以南北走向穿过北京南站,地铁14号线和市郊铁路以东西走向穿过北京南站。北京南站建成后吸引了更多的公共交通设施在此处汇集,提高了周边区域的可达性与通达性。

表 5-1 北京南站开通前后交通设施对比

北京南站	日接送列车数/列	公交线路数/条	地铁	出租车停靠站数/站	地下车位/个	一般换乘距离/m	最远换乘距离/m
开通前(2008年)	38	19	0	1	0	—	—
开通后(2011年)	258	24	1	40	800	100	200

2) 北京南站场所质量的发展

北京南站的车站设计是通过独立的通道及自动扶梯直接连接不同功能区,私家车和出租车可通过高架桥到达车站二层,一层的南北广场设有公交枢纽点,地下一层连接地铁 4 号线,这样设计的优点是节省空间,疏散直接方便,方向感强,有利于机动车到达北京南站。但是大量的高架桥和汽车快速通道使得北京南站与周边地区空间隔离,与周边区域的一些社会经济功能空间联系十分不便,甚至没有交流联系。北京南站的南北两个出口与周边区域的步行可达性较差,步行 200 m 范围内都是较为空旷的区域,车站广场与周围的城市街道、城市广场等一系列公共空间没有有机地结合,甚至大多利用栅栏进行功能区隔离,如果不通过机动车的交通方式到达南站,利用步行的方式很难实现,在很大程度上限制了车站与周边地区活动的延续性,人们无法在此聚集活动,北京南站的场所质量就很难被发挥出来。目前的北京南站车站广场只是一个单一的交通广场,还没有相关的商业,也很难吸引乘客在此逗留。南站车站地区目前难以发挥其城市活动中心的作用,而仅仅发挥其复合交通的作用[24]。

北京南站周边基础设施的发展在很大程度上受到城市历史与现状发展的限制,现在已存在的街区挤掉了现存交通系统的发展空间,限制了新的发展,而改变现状格局需要相当长一段时间和付出较大的成本。北京南站周围的 500 m 区域基本上是老旧的生活小区,较低端的零售业满足了周边小区的生活需求,为车站而设置的商业服务基本不存在。车站的步行可达性较差,对于周边区域来说,北京南站更像是一块"飞地"。车站地区城市公共活动品质的高低会给空间使用者以截然不同的主观感受,组织有序的城市空间和高品质的社会经济活动可以保障使用者的安全感和舒适感。但是目前北京南站周围的公共空间及服务设施并未与乘坐高铁的乘客需求属性相对应,极大地减弱了这种互动的城市活动,更多的乘客主要利用北京南站的交通功能,而与其周边区域的城市公共活动基本没有交流(图5-6)。

笔者以北京南站为圆心,1 500 m 为半径,将北京南站分为三个圈层,每个圈层之间的直线距离为 500 m,将 2005 年(北京南站规划建设起始年)到 2010 年 5 年间每个圈层的产业分类进行归纳总结,发现作为北京南站直接作用的第一圈层,本应是受影响最强烈的范围,其产业更新速度及发展规模应是最为明显的区域,但第一圈层从 2008 年高铁开通运行后,其产业增长趋势仍然同 2008 年以前一样,落后于第二圈层的产业发展速度。

截至2010年北京南站周边三个圈层产业分布密度见图5-7,距离南站最近的第一圈层除了住宿和餐饮业,其他的商业服务业及相关产业的分布密度在三个圈层中并不是最高的。结合实地调研发现第一圈层内的住宿和餐饮业虽然分布密度相对较高,但是餐饮业大都集中在车站内部,分布在车站外围的餐饮、住宿也较为低端,与目前北京南站所服务的多数中高端乘客属性不相匹配。Schutz认为距离车站最近的第一圈层是受高铁影响最大的区域,称为主要发展区;距离高铁站点更远一些的第二、第三圈层,虽然也会受到波及影响,但是这种效应会比主要发展区(第一圈层)小,第一圈层往往由于其便利的可达性,各种交通设施的无缝衔接,对房地产和商业服务等产业有很强的吸引力。但是从目前北京南站周边的产业分布及其发展态势来看,北京南站周边的交通可达性虽然得到大幅度提高,但是其周边的批发和零售、房地产、租赁和商务服务等等产业受高铁的带动作用小,主要发展区(第一圈层)并未显现产业更新过程。可见北京南站地区的场所质量基本上与南站的节点质量没有匹配发展,受交通发展的带动性小(图5-8)。

图5-6 北京南站场所质量发展

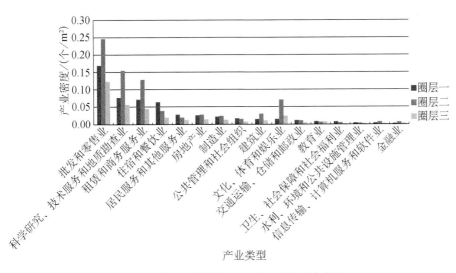

图5-7 北京南站周边三个圈层产业分布密度

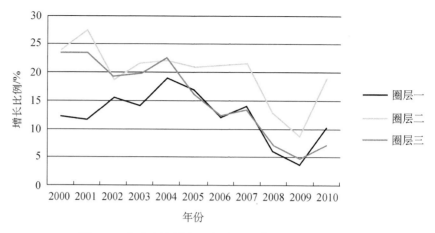

图 5-8 北京南站周边三个圈层 10 年间产值增长趋势

3）北京南站的发展类型

总的来说，目前的北京南站属于交通引导型，其节点质量与场所质量发展很不平衡。作为高铁站点，其节点质量发展较好，在城市交通网络中其节点质量体现明显，而城市功能的场所质量发展却不尽如人意，周边基础服务设施无法与南站的节点质量相匹配，使得北京南站节点质量和场所质量发展很不平衡。

5.4.3 交通追随型

交通追随型的高铁站点多为旧火车站的更新升级，一般分布在靠近城市中心的位置，站点周围已开发土地比例较大，未来发展可利用空闲土地有限，站点周边各种经济活动齐全，城市功能体现明显。但经济活动多为中低端经济活动，与高铁所带来的中高端客流所需要的服务有一定差距，需要在后期发展中不断地更新周边城市功能。站点的交通功能虽已有一定发展，但是不能够满足高铁站点带来的大量客流的需求，公共交通的无缝连接还不够完善，节点质量未能充分发挥，交通发展质量不能够很好地满足站点城市功能的交通需求，会影响站点区域城市功能的进一步升级。

案例：日本浦和车站（Urawa Station）。

浦和车站位于日本埼玉县浦和，由日本东部铁路公司（JR East）运营。浦和车站附近是埼玉县市政大厅和埼玉县政府办公机构的聚集地，车站地区被视为埼玉县重要的行政中心，日本交通部门将浦和车站定位为埼玉县的中心车站。

1）浦和车站节点质量的发展

由于所处位置周围土地有限，浦和车站以及约 1.3 km 的铁路都处于高架桥上，这样可以有效分解高峰时段的交通拥堵压力。该车站目前主要服务日本东部铁路公司的 3 条火车线路，火车站共有 4 条轨道，分别服务不同方向的火车线路。从外向交通来说，相比其他同等地位的车站，浦和车站节点质量仍需提高,此车站提供的高铁服务远低于其他中心车站的列车频次,尤其是需要增加连接池袋和新宿的高铁列车服务[25]。从内向交通来说,车站周围的公共交通连接较为良好,距离 17 号高速公路和 463 号高速公路较近。但是站点周围社会经济活动密集,使得高峰时段交通拥堵严重。虽然将车站抬高,在一定程度上分担了部分交通压力,但是目前的高铁交通服务不能满足站点周围社会经济活动的交通需求,提高站点的节点质量十分必要。

2) 浦和车站场所质量的发展

根据琦玉县的城市规划,浦和车站区域是以城市中心为目标进行规划发展,车站周围区域主要分布有琦玉县政府办公机构、琦玉县市政厅、各种百货公司(如 Lsetan)、琦玉县华盛顿宾馆和皇家宾馆。车站周围社会经济活动丰富多样,在 2000 年左右提出的关于浦和车站的开发项目计划中,在靠近车站的区域,规划的若干个大型的经济开发项目都已实现,其中包括建设 31 层和 9 层的高端公寓来更新原有的旧式老住宅,建设新的广场和地下停车场来缓解交通压力,建设 10 层的商务楼提供公寓、餐饮和娱乐设施等等[26]。目前车站东面出口已经完全开发,车站周围土地利用率较高且社会活动多样。

3) 浦和车站的发展类型

浦和车站虽然不是大型的交通枢纽,但是由于车站周边区域政府性机构的聚集,带来了大量的土地开发项目,浦和车站的土地开发已较全面,早晚高峰期聚集大量人流。相比场所质量,浦和车站的节点质量更需进一步提高和发展,满足周围社会经济活动的交通需求。目前浦和车站的场所质量发展快于节点质量的发展,该站属于交通追随型高铁站点。

5.4.4 平衡发展型

平衡发展型的高铁站点城市功能和交通功能发展都较好,站点及其周围公共交通完善,交通发展质量较好,是城市交通网络重要的交通枢纽。站点周围土地利用集约度高,经济活动丰富多样,且周边多为中高端的经济活动,也是城市的重要经济中心。

案例:法国里昂帕尔杜诺车站(Gare Part-Dieu)。

帕尔杜诺车站位于法国第二大城市里昂的帕尔杜诺经济开发区,该区域是里昂第二大城市经济中心,位于里昂第三区,城市老城中心的东部。从日通勤量上来说,帕尔杜诺车站是里昂市五个大火车站中最繁忙的。

1) 帕尔杜诺车站节点质量的发展

帕尔杜诺车站始建于 1978 年,属于帕尔杜诺新城市区域工程的一部分。该车站目前是里昂乃至法国重要的交通枢纽之一,与法国高铁网和欧洲高铁网直接相连,多条高铁线路都在帕尔杜诺车站经停或始发。该车站不仅仅提供直达法国各大核心城市和区域的高铁服务,例如巴黎、马赛、瓦朗索勒、南特、尼斯、里尔、普罗旺斯等等重要的法国城市，还提供直达欧洲若干个重要城市如比利时布鲁塞尔、瑞士日内瓦、西班牙巴塞罗那和英国伦敦的日常高铁服务。每天有大约150列国际高铁列车和450列国内城际列车，车站的客流量每天达12万人以上[27]。

帕尔杜诺车站区域的公共交通十分完善，可达性非常高，这也是帕尔杜诺经济开发区发展较快的原因之一。多种公共交通方式集聚并无缝衔接，首先通过城市轻轨快线T3，车站直接与里昂圣埃克絮佩里机场相连，并且车站开通了具有"XYD"标志的直达巴黎戴高乐机场的专用高铁列车，法国国家铁路公司（SNCF）已实现了与众多航空公司代码共享的服务，方便乘客快速换乘，无缝转接。再则自从车站开通了高铁服务之后，里昂市就投入了大量的人力物力建设城市公共交通基础设施，包括地铁、轻轨、电车、出租车和公共自行车系统等等，地铁线路Line B、轻轨线路（T1、T3和T4）和11条公交车路线都在车站地区汇聚，除此之外还有超过8 000个的停车位[28]，可以说帕尔杜诺车站是集高铁站点、地铁车站、轻轨车站、公交车站、汽车租赁站、公共自行车站于一体的高可达性综合交通枢纽。

2）帕尔杜诺车站场所质量的发展

自帕尔杜诺车站高铁服务开通以后，商业办公中心、大型商场、宾馆、图书馆和居住型住房就陆续在车站周边区域建设（图5-9）。为了充分利

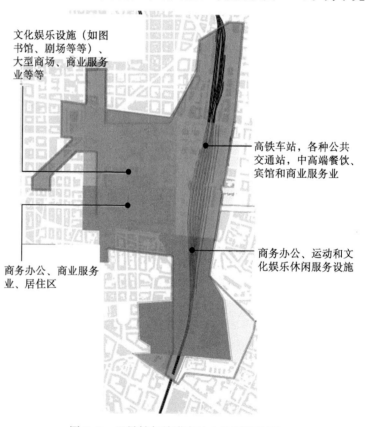

图5-9　里昂帕尔杜诺车站土地利用类型

用高铁的快捷服务,众多的商业企业也先后搬迁到帕尔杜诺车站区域,该区域成为众多的商业企业优先选址的地点。车站在2011年更新完成,前广场呈现开放式空间模式,广场周边分布着各种不同的餐饮、住宿、商场等商务服务业,沿着车站前广场直接进入帕尔杜诺的经济中心区。

自1990年开始,高铁站点周边区域吸引了大约60%的新建城市工程在此选址发展,车站区域内商业办公用地达到43%左右。如今,帕尔杜诺经济开发区已经拥有将近100万 m^2 的商业办公空间,提供了45 000多个工作职位,区域内有超过100所的连锁酒店,并拥有欧洲最大的购物中心,仅2012年一年就有340万名顾客。除了这些商业设施,该区域还拥有各种文化休闲服务设施,如里昂中心图书馆、名人艺术中心礼堂、多功能影院以及一些公共和私人的体育设施。可以说帕尔杜诺车站区域的场所质量发展非常完善,高效可持续地利用土地,土地功能多样、齐全且欣欣向荣地发展。车站区域已经成为围绕高铁站点、具有高可达性的城市经济中心。其实这些成功主要得益于当地政府有效地利用了法国的相关规划政策。一个就是"递进开发政策"。为了避免土地投机,该政策使政府具有以一定价格优先购买土地用来建设铁路系统的权利。这就意味着政府性主体保证了车站周围土地价值的稳定和增长,车站周边区域土地价格相对合理,不至于过高。另一个就是"一致的开发政策",为了保证周围区域的发展活力,当地政府制定了一个完整的区域规划,建设相应的基础设施,包括公共交通。政府性主体将土地卖给开发商,开发商需要根据区域整体规划进行开发建设,相应的,当地政府给予税收等多种优惠。在这两种开发政策以及帕尔杜诺车站区域良好的交通可达性的保证下,目前帕尔杜诺车站周边区域已经成了里昂主要的经济活动中心,是里昂城市经济增长的重要基石。

3)帕尔杜诺车站的发展类型

帕尔杜诺车站周边区域是高可达性的城市交通枢纽,也是里昂市最重要的经济中心,其优秀的城市空间质量吸引着大量的高端商业及商贸服务业在此聚集。在法国甚至欧洲,里昂帕尔杜诺区域也是极具竞争力的,既是法国重要的综合交通枢纽,又是重要的商业金融中心之一。帕尔杜诺车站周边区域是典型的平衡发展类型。

5.4.5 限制发展型

限制发展型的高铁站点发展已经十分成熟,通常是高铁站点发展的后期可能出现的类型。在我国,高铁处于发展初期,还未出现限制发展型。这种类型的高铁站点已度过了平衡成熟阶段,站点及其周边区域的城市功能与交通功能的发展出现了边际不经济性,城市功能已经发展得十分饱和。站点及其周边区域大量的出行人流以及经济活动聚集阻塞了交通,降低了周边区域的可达性,削弱了站点的交通枢纽功能。周围土地的过度开发利用,人口的集聚,产生了场所质量的不经济性,引起众多环境问题,城市空间质量下降。这种类型的高铁站点处于衰退的阶段,需要城市中的利益主体积极调整。

案例:日本新宿车站(Shinjuku Station)。

新宿车站是位于日本东京新宿区的高铁站点,对于通勤者来说,该车站是东京和都市区西边连接的重要节点,地铁、城际列车都在此经停。

1) 新宿车站节点质量的发展

新宿车站是大东京区域重要的交通枢纽之一,每天大约有 350 万人在此中转,从规模上来讲,它是日本在名古屋车站之后的第二大车站。在车站不同的方向,它共拥有 200 多个出口、36 个站台。共有来自 5 个公司的 12 条线路的火车在新宿车站汇集,同时新宿车站也是重要的地铁、长途汽车和城市公共巴士的枢纽节点(表 5-2)。这些火车及地铁线路带来了大量人群在此流动聚集。从乘客数量的角度来说,可以说新宿车站是世界上最忙碌的车站,它是数百万通勤人员从东京西边的城市到达东京市中心中转的重要节点。在大东京地区交通网络的推动下,新宿车站周边区域已发展成为大东京都市区的副中心之一。新宿高铁站点在节点质量和场所质量两个方面都已完全开发,甚至已开发过度,任何试图提高其交通能力或提高其周边土地利用的政策都可能导致站点区域的不经济性发展。

表 5-2 新宿车站公共交通线路与客流量

运营商	乘客数/人	年份	备注
日本东部铁路公司(JR East)	734 154	2011	按乘客数计算,日本最忙碌的车站
小田急电铁(Odakyu)	491 631	2008	最忙碌的 Odakyu 车站
京王电铁(Keio)	748 803	2008	最忙碌的私营线路车站
东京地铁(Tokyo Metro)	232 044	2008	最忙碌的东京轻轨车站
都营地铁(Toei,新宿区线路)	262 688	2008	最忙碌的 Toei 地铁车站
Toei[大江户线(Oedo Line)]	130 800	2008	

从以上分析可以发现,新宿车站的节点质量已发挥到极致,甚至是饱和状态。新宿车站不但是外向交通的汇集节点,也是区域内部各种公共交通的汇集点,若干个交通运营公司的多条线路带来了大量乘客的聚集,同时密集的交通线路也对新宿区车站的交通产生了一定的压力[29]。

2) 新宿车站场所质量的发展

新宿车站的西边是新宿的"摩天大楼区",也是众多东京高层建筑的所在区域,包括若干个顶级宾馆和都市区政府办公的双子楼。车站的东北方向是日本最大的"红灯区",同时在新宿车站的四周分布着各种零售百货、大型商场与数码产品店。新宿车站的南面正在建设中,将在轨道上方建设一个多层建筑物,该建筑将用于各种交通方式的整合,包括公交系统、出租车、私家车以及与车站相关的公共设施,而且 JR East 也筹划着在车站南面建造一个新建筑。显然,这个新建筑将进一步增加新宿车站周围的劳动力人群,进一步增加新宿车站周边压力[30]。新宿车站周边土地利用情况如图 5-10 所示,Kabu Kicho 区域是以 Kabuki 剧院命名的,这里是日本最大的红灯区,汇集了众多的饭店、酒吧、赌场以及一些与色情业相关的产业;Gol den Gai 区域是由 200 多个小酒吧和小的餐饮店组成,大部分都是小规模的商户;Omode Yokocho 区域主要由一些小规模的餐饮小店组成;Shin-Okubo Korean Town 主要分布来自韩国的移民所经营的韩国商铺和饭店,这些商铺主要经营韩国的特色商品和餐饮。图 5-10 中间部分为不同集团的大型百货,以及各种数码产品商场,其中包括 Ise Tan、Takashimaya、Keio 等大型的中高端百货公司。图 5-10 中左边的部分是中高端宾馆及休闲广场,右下角和最左边部分为公园。可以发现,新宿车站周边的土地利用率极高,且土地利用类型丰富多样,商业、零售百货、休闲娱乐都有所分布。该区域已成为一个重要的城市人口聚集地,也是城市重要的经济区域。

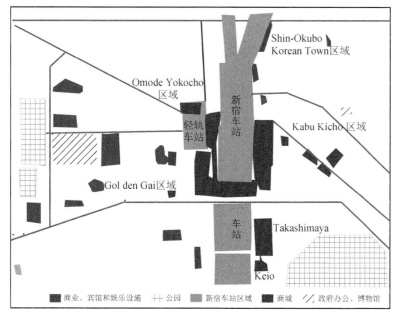

图 5-10 新宿车站地区土地利用类型

3)新宿车站的发展类型

新宿车站的节点质量,从不同交通运营商的乘客人数上,以及他们在新宿车站所采取的发展策略来看,这些运营商在此车站的运营压力已初见端倪,每个运营商都致力于缓解此处的交通压力,许多线路上的拥堵率甚至达到了 180%。而对于新宿车站的场所质量来说,目前任何新的经济活动的产生都会进一步加重交通的拥堵情况。该区域的节点—场所质量已进入了相互抑制的阶段。

5.5 高铁站点地区发展的城市角色

高铁站点地区的城市角色是陀螺概念分析模型中的最上层。不同发展类型的高铁站点在城市中所起到的作用和扮演的角色也会有所不同。从某种程度上来说，高铁站点的发展状况是高铁在城市发展中所起作用的风向标。正如前文所说，高铁的到来为城市中众多的社会经济活动的开展提供了一个契机，催化城市中新经济活动的产生，带来新客流、新经济体，促进站点周围及整个城市交通的不断完善，促进城市空间的不断升级。城市是否能够有效利用这种机会，引导和发挥高铁带给城市的正面作用，主要取决于高铁站点的发展阶段和发展质量。因此，本书根据高铁站点的不同发展类型，结合前文提到的站点案例，来分析高铁站点可能的城市角色（表5-3）。

表5-3 不同发展类型高铁站点的城市角色

站点地区发展类型	特点	城市作用
自组织发展型	节点质量和场所质量都处于初期发育阶段，利益主体开发积极性小	催化和促进的作用都十分有限
交通引导型	节点质量发展较好，场所质量有待开发，很可能成为以站点为中心的交通引导开发模式	交通建设一般都具有一定的超前性，能提升周围土地价值，具有催化作用潜力
交通追随型	旧火车站的更新工程，高铁站点周边的土地开发与利用已较为成熟	能够较好地带动城市基础设施的不断完善，促进城市的经济活动升级；促进作用和催化作用都有，但促进作用更强
平衡发展型	高铁站点的场所质量和节点质量都得到较好的发展，车站及其周边区域既是城市的重要交通枢纽，也是重要的城市发展中心	既有催化作用又有促进作用
限制发展型	节点质量与场所质量不再是协同发展的关系，而是相互限制对方的发展	交通与土地利用发展进入了相互限制的恶性循环，在城市发展中的角色既无催化作用也无促进作用

5.5.1 自组织发展型的城市角色

由于自组织发展型的高铁站点一般处于发展初期，从交通功能来说，高铁站点只是作为一处提供交通服务的节点，区域的可达性虽然有所提高，但远没有成为城市综合交通枢纽之一，可达性的提高对站点周围发展的带动性小。周围土地荒芜，缺乏具有吸引力的社会经济活动，车站的节点质量与场所质量还没有达到良性互动阶段。这种类型的高铁站点对城市经济活动的吸引力十分有限，高铁站点更多是扮演了提供对外交通服务的角色，对周围土地利用的催化作用也很小，很难吸引人群与经济活动聚集，其潜在的催化和促进作用还没有发挥出来。

如前文中提到的天津武清站，武清站是京津城际高铁的经停站，车站设计较为简单,在此经停的列车方向单一,仅有京津城际列车,乘客数量有限,并且周边区域土地利用单一,公共交通很不完善,这些交通要素都决定了目前的武清站只能作为一个交通连接器。一方面,车站内部基本没有社会经济服务活动,站点周围土地也是一片荒芜,无城市空间质量可言。武清站目前仅是基本的会面地点,不具有驻留城市活力的能力。从乘客的需求角度来看,乘客多为商务型出差,购物需求本就不大。另一方面,车站地区没有具有吸引力的社会经济活力,很难吸引人群在站点地区活动。从政府的定位角度来看,目前武清是天津重要的工业区,分担城市的产业功能,并不属于城市的中心区。武清的社会经济发展水平有限,这在一定程度上也影响了武清高铁站点周边区域的发展。目前的武清站点地区仅仅作为一个交通连接器和基本会面场所,对周围的催化和促进作用十分有限。

5.5.2 交通引导型的城市角色

交通引导型的高铁站点,相比场所质量,节点质量发展更好,扮演着城市重要的交通枢纽的角色,对城市交通服务作用较明显,良好的交通基础设施成为支撑和引导周围城市空间演化的重要因素。此时的交通建设一般都具有一定的超前性,具有提升周围土地价值、催化城市新经济活动的潜力,其较好的可达性为高铁站点对城市空间的催化剂作用提供了铺垫。在后期发展中,如果城市中的政府性主体重视这类高铁站点的平衡发展,则高铁很快会发挥出对城市社会经济的催化作用,扮演着创造新的城市空间的角色。

如北京南站,目前已经成了北京交通网络的重要交通枢纽之一。其实2005年北京南站修建之前,该片区域分布着大量低端的老住宅、批发市场、小商铺等,城市空间质量较差。从2005年北京南站开始建设起,南站地区就经历了大范围的土地再开发过程,站点一定范围内所有的建筑物全部拆迁,站点地区发展基本从零开始,北京南站在某种程度上是更新这片土地的重要催化剂。高铁站建成后,多条公共交通线路在此聚集,地铁4号线也在此经停,极大地改变了北京南站的交通可达性,将北京南站地区从默默无闻的城市区域变成了重要的交通枢纽。如前文所分析,虽然目前北京南站地区的场所质量的发展不尽如人意,但是北京南站有很大的发展潜力,其对城市空间的催化剂作用还没有被完全利用起来。在后期不断发展的过程中,需要相关利益主体根据实际情况不断地支持协调,为强化北京南站枢纽地区场所质量的发展不断提供条件,使得北京南站枢纽地区节点质量和场所质量达到最佳的平衡状态。高铁综合交通枢纽发展成功的关键在于交通体系的整合,节点质量是交通枢纽的本质。若要增加高铁对地方发展的效益,则加强城市以及各重大设施与高铁枢纽的联系就显得相当重要。北京南站必须同时关注周边地区的适度开发,只有良好的城市空间质量才能吸引经济活动聚集,避免走入发展的另一种极端。应通过引进具有集聚客流能力的大型活动设施和合适的产业(以第三产业为主),以加速北京南站附近地区的开发,使得站点的节点质量与场所质量平衡发展,发挥车站的最大效益。

5.5.3　交通追随型的城市角色

交通追随型的高铁站点一般位于城市的中心区域,是旧火车站的更新工程,站点周边的土地开发已较为成熟。由于高铁的到来,车站升级改建,车站周边区域也由于服务对象的变化而不断升级,不同的经济活动在车站周围聚集。但是由于这类站点周边土地利用较早,周围空闲土地少,或者由于城市中政府性主体的重视程度不够,财政投资建设存在一定困难等因素,对完善高铁的补充性城市公共交通存在空间和经济限制[31]。相比站点周边的场所质量,其节点质量较弱,还不能满足周边社会经济活动的需求,形成了交通追随型的发展模式。由于这种类型的高铁站点的城市空间分布和空间形态处于相对稳定的状态,站点对周边区域的创造新空间的作用已明显降低。这种类型的高铁站点对周边区域城市社会经济发展既存在催化作用,也存在促进作用。但是由于受到交通需求的限制,其促进剂作用更为强烈,促进交通基础设施的不断升级完善,提高周围城市空间质量。

日本浦和车站始建于1883年,后来随着交通技术的革新,车站不断地更新升级,从地面车站改装升级,架构成高架桥模式,这种模式利于缓解站点地区公共交通的拥堵,也能有效节约出土地空间。埼玉县的官方规划中将浦和车站的发展定位为城市的中心,站点地区的容积率值高于其他地区。随着浦和车站周边土地开发密度越来越高,车站的交通服务越来越供不应求。作为埼玉县的行政机构集聚中心,浦和车站周围分布着多样的社会经济活动,尤其是在高峰时段,产生的交通需求已大于车站提供的交通服务。考虑到浦和车站目前的发展状态,车站节点质量的进一步升级是浦和车站需要解决的首要问题。根据埼玉县政府的规划,目前浦和车站正处于新轨道的建设扩展中,未来将增加连接池袋和新宿方向的高铁线路,以期提高车站的交通服务水平来满足周边社会经济活动的交通需求,目前浦和车站地区的发展更多的是场所质量带动节点质量的升级,促进作用较强。

5.5.4　平衡发展型的城市角色

平衡发展型的高铁站点,节点质量和场所质量两种属性功能平衡完善,高铁站点的场所质量和节点质量都得到较好的发挥,两者处于良性的互相协调发展阶段。车站地区的发展是城市的重要交通枢纽,也是重要的城市发展中心,这类高铁站点对城市空间的发展既有催化剂作用又有促进剂作用。高铁站点提高了周边区域的可达性,促进了站点周围公共交通的不断完善,升级周围交通系统;而周边区域较好的城市空间质量,吸引新的经济活动不断聚集[32],催化周围土地开发利用,成为城市重要的经济发展极。

里昂帕尔杜诺车站就是拥有良好的节点质量和场所质量的典型案例,它是里昂的重要交通枢纽,也是里昂的重要商业商务中心,其节点质量与场所质量的发展处于相互促进、平衡发展的阶段。车站交通服务的便利和密集带来了大量的人群,周围良好的城市空间质量吸引人们驻留,带来更多的消费需求,保持站点地区的活力。帕尔杜诺车站已不仅仅是一个交通枢纽,它也成了里昂的城市地标,对里昂的城市空间结构有着举足轻重的作用。目前的帕尔杜诺车站是高铁站发展的最佳状态,对于城市空间既有催化剂的作用又有促进剂的作用。

5.5.5　限制发展型的城市角色

当站点周边区域已发展到相当成熟的程度,其节点质量与场所质量不再是协同发展的关系,而是相互限制对方的发展。这种类型的高铁站点,其节点质量和场所质量已经发展到边际递减状态,任何一种质量的继续发展都会限制另一方面的发展,会对周边区域产生负面作用,交通与土地利用进入恶性循环。

如前文所述,新宿车站的城市角色就不同于其他类型的车站,这种类型车站的节点质量与场所质量已经进入了一种相互限制发展的超负荷状态,任何一方的变化都会给另一方带来压力,车站在城市发展中的角色已没有催化或促进之说。

5.6　本章小结

本章系统地总结了高铁站点地区的发展属性、发展类型及其动力机制。高铁站点具有节点质量和场所质量两种基本属性,存在着一种竞争与协同的关系,需要在城市空间发展过程中不断进行调整和平衡,每个城市因地而异地提供不同的基础发展动力和成长动力。一方面,城市本身的基础条件为站点地区的发展提供了基础动力,城市的宏观区位影响城市可达性的变化,站点在城市中的位置为站点周边的发展设置了"硬件条件",城市的社会经济条件为站点周边的发展设置了"软件条件"。城市的这些基础条件决定着城市对高铁的发展需求、高铁站点的发展条件以及站点地区的发展与城市空间的关系。另一方面,不同的相关空间利益主体,在不同的制度下,会以不同的组合方式为站点地区发展提供不同的成长动力。在高铁站点及其周边地区的发展过程中,不同空间利益主体的综合表现是高铁站点地区成长动力的主要组成要素,使得高铁站点的节点质量和场所质量沿不同的方向发展。市场性主体主导的合作方式,有利于高铁站点周边的土地开发,社会经济活动的集聚,交通服务的高效率利用;政府性主体引导、市场性主体合作的方式,有利于高铁站点地区兼顾公共城市空间和经济开发的双重效益;政府性主体主导的方式,有利于在最短时间内集聚最多的社会经济资源开发建设高铁站点地区,保证高铁站点地区开发建设的可操作性。基于此,根据高铁站点地区场所和节点的发展程度和发展质量,将高铁站点地区分为五种发展类型,即自组织发展型、交通引导型、交通追随型、平衡发展型和限制发展型。

第 5 章参考文献

［1］HANSON S. The geography of urban transportation［M］. New York：The Guilford Press，1995.

［2］CASCETTA E, PAGLIARA F. Integrated railways-based policies：the Regional Metro System (RMS) project of Naples and Campania［J］. Transport Policy Review，2008,15：81-93.

［3］HAYWOOD R. Coordinating urban development, stations and railway services as a component of urban sustainability：an achievable planning goal in Britain［J］. Planning Theory and Practice,2005,6(1)：71-97.

［4］PAPA E, PAGLIARA F, BERTOLINI L. Railway system development and urban transformations：towards a spatial decision support system［M］// BRUINSMA F, PELS E, PRIEMUS H, et al. Railway development impacts on urban dynamics. Heidelberg：Physica-Verlag, 2008：35-57.

［5］CERVERO R. The transit metropolis：a global inquiry［M］. Washington D.C.：Island Press，1998.

［6］CURTIS C, JAMES T. An institutional model for land use and transport integration［J］. Urban Policy and Research, 2004, 22(3)：277-297.

［7］HUI I A. Integrated transport planning in the UK：from concept to reality［J］. Journal of Transport Geography,2005,13(4)：318-328.

［8］孙玉.集约化的城市土地利用与交通发展模式［M］.上海：同济大学出版社,2010.

［9］PRIEMUS H, KONINGS J W. Public transport in urbanized regions：the missing link in the pursuit of the economic vitality of cities ［J］. Planning Practice & Research,2000,15(3)：233-245.

［10］CERVERO R. Transit oriented development in the United States：experiences, challenges and prospects［R］. Washington D.C.：TCRP Report 102,2004.

［11］PEEK G J, VAN HAGEN M. Creating synergy in and around stations：three strategies in and around stations［J］. Transportation Research Record：Journal of the Transportation Research Board,2002, 1793：1-6.

［12］FLORIDA R. The rise of the creative class and how it is transforming work, leisure, community and everyday life［M］. New York：Basic Books, 2002.

［13］KLOOSTERMAN R, TRIP J J. Planning for quality? Assessing the role of quality of place in developing high-speed railway stations［Z］. Amsterdam：the

International Conference on "Urban Conditions and Life Chances", 2006.

[14] CURTIS C, RENNE J, BERTOLINI L. Transit oriented development: making it happen[M]. Farnham: Ashgate, 2009.

[15] DITTMAR H, OHLAND G. The new transit town: best practices in transit oriented development[M]. Washington D.C.: Island Press, 2004.

[16] DUNPHY R, CERVERO R, DOCK F, et al. Development around transit, urban land institute[M]. Washington D.C.: Island Press, 2005.

[17] POL P M J. A Renaissance of stations, railways and cities: economic effects, development strategies and organisational issues of European high speed train stations[M]. Delft: Delft University Press, 2002.

[18] GOSPODINI A. European cities in competition and the new "uses" of urban design[J]. Journal of Urban Design, 2002, 7(1): 59-73.

[19] TRIP J J. Urban quality in high-speed train station area redevelopment: the cases of Amsterdam Zuidas and Rotterdam Central[J]. Planning Practice & Research, 2008, 23(3): 383-401.

[20] 侯雪,张文新,吕国玮,等.高铁综合交通枢纽对周边区域影响研究——以北京南站为例[J].城市发展研究,2012,19(1):41-46.

[21] 许婷.城市轨道交通枢纽行人微观行为机理及组织方案研究[D].北京:北京交通大学,2007.

[22] 佚名.未出国门观洋景:知秋[EB/OL].(2013-04-13)[2019-04-19]. http://blog.sina.com.cn/s/blog_67aab5a8010146oy.

[23] 马跃东,阎小培.珠海改革开放20年城市发展的理性思考[J].经济地理,2004, 24(1):67-71.

[24] 帅斌.以集聚效应为导向的综合交通枢纽规划方法研究[D].重庆:西南交通大学,2010.

[25] SUGA T. New master plan for Tokyo's urban rail network[J]. Japan Railway & Transport Review, 2000, 23: 31-36.

[26] CHORUS P. Station area developments in Tokyo and what the Randstad can learn from it[D]. Amsterdam: University of Amsterdam, 2012.

[27] NICHOLS M. Planning high speed rail stations for sustainable urban development: European case studies[Z]. [S.l.]: Comparative Domestic Policy Program-Policy Brief, 2011.

[28] Anon. Lyonpart-dieu[EB/OL]. (2013-06-20)[2019-04-19]. http://www.lyonpart-dieu.com.

[29] Transportation Policy Council. The transportation policy council follow report (in Japanese)[R]. Tokyo: Transportation Policy Council, 2006.

[30] Tokyu Corporation. Large Tokyu development projects around Shibuya, Futako-Tamagawa and Tama Plaza[J]. Japan Railway & Transport Review, 2010, 56: 22-25.

[31] GEURS K T, VAN WEE B. Accessibility evaluation of land use and transport strategies: review and research directions[J]. Journal of Transport Geography, 2004, 12(2): 127-140.

[32] GEOGHEGAN J, WAINGER L A, BOCKSTAEL N E. Spatial landscape indices in a hedonic framework: an ecological economics analysis using GIS[J]. Ecological Economics, 1997, 23(3): 251-264.

第 5 章图表来源

图 5-1、图 5-2 源自：笔者绘制。

图 5-3 源自：《天津城市总体规划(2005—2020 年)》。

图 5-4 至图 5-6 源自：笔者拍摄。

图 5-7、图 5-8 源自：笔者绘制。

图 5-9 源自：笔者根据 http://www.pierreberat-lyon3 改绘。

图 5-10 源自：笔者根据维基百科改绘。

表 5-1 源自：笔者绘制。

表 5-2 源自：笔者根据 JR East 官网数据绘制。

表 5-3 源自：笔者绘制。

6 高铁站点地区发展的实证研究

为进一步实证陀螺概念分析模型,也为系统地探讨高铁站点地区的发展,本章选择荷兰的兰斯塔德(Randstad)与中国天津的高铁站点地区的发展进行系统深入的对比。之所以选择这两个城市地区,主要是由于这两个城市区域具有众多相似的城市物理背景,例如它们都离首都很近,有相似的城市规模、城市功能、城市结构等,并且天津和兰斯塔德都是所在区域的重要高铁枢纽,区域内有多个高铁站点,相关利益主体对高铁站点的发展都十分重视,天津和兰斯塔德具有相似的控制变量,有利于挖掘出高铁站点发展背后的影响要素。本章将以高铁站点地区发展的动力机制为依据,按照陀螺概念分析模型中的分析层次,对天津和兰斯塔德的高铁站点地区发展进行深入解析,探索中西方高铁站点发展的异同及其原因。

6.1 基础背景对比

天津市是我国环渤海地区的经济中心,也是我国北方的经济、物流和航运中心。天津区域内目前共有专用和混合使用高铁站点8个,即天津西站、天津站、于家堡站(2019年年初改名为滨海站)、滨海西站、武清站、塘沽站、天津南站、军粮城北站。在天津未来的城市规划中,天津的各个高铁站点相连将形成带动城市发展的重要发展轴。兰斯塔德是荷兰最大的城市群,但是在欧洲的社会经济指数统计或城市经济对比时,兰斯塔德通常是以一个"城市"的形象与其他欧洲城市进行各种对比。这一方面是由于荷兰国土面积较小,单个城市不具有可比性;另一方面也是由于兰斯塔德内各城市之间联系紧密并且城市功能协调互补,更像是一个完整的城市系统,从荷兰第四次国家规划开始,兰斯塔德就具有"城市"的整体概念[1]。20世纪90年代,荷兰发布了"新关键工程"项目,旨在发展荷兰铁路线路中的重要节点(铁路车站),升级旧车站,发展成为新的高铁站点,使得荷兰加入欧洲的高铁网络,带动荷兰社会经济发展。按照规划,兰斯塔德共有6个高铁车站,分别为阿姆斯特丹中央车站、阿姆斯特丹南站、鹿特丹中央车站、乌特勒支中央车站、海牙中央车站和布雷达中央车站。

6.1.1 天津和兰斯塔德的主要相似之处

1) 城市区位

天津和兰斯塔德具有相似的城市区位,它们都靠近首都并位于海岸线附近。

天津位于中国渤海沿岸,作为环渤海区域的中心,它拥有良好的区位优势。从自然区位的角度来说,天津市地处华北平原东北部、海河流域下游、渤海的西岸。天津北依燕山,东临渤海,是海河水系的大清河、子牙河、南运河、北运河、永定河五大支流的汇合处。整个海河水系的分布像一把蒲扇,作为扇柄的海河干流横穿天津市区,东流注入渤海,因而天津素有"九河下梢""河海要冲"之称[2]。从经济区位来说,天津市南面大部分地区与河北省相邻,西北与北京接壤。京津两市距离很近,铁路里程137 km,公路里程136 km,从天津中心花园到北京天安门直线距离只有111 km。两个特大城市相距如此之近,在我国是独一无二的,在世界上也不多见。目前借助区位优势,在区域协调发展的社会背景下,天津市已经融入"京津冀都市圈",无论是区域合作还是经济发展方面,与北京及周边地区的关系都更加密切。天津市是环渤海地区的经济中心,区位优势明显,地处中国北方黄金海岸的中部,不仅毗邻首都,还是华北、西北广大地区的出海口,是中国北方对内、对外开放两个扇面的轴心,是亚欧大陆桥中国境内距离最短的东部起点[3]。天津港的腹地广阔,仅在以天津港为中心的300 km半径范围内就集中了我国北方最大的环渤海地区城市群。由于地处环渤海地区中心,拥有面向东北亚的区域优势和自然条件,天津市滨海新区已被列入国家重点发展规划,天津市正在积极发展外向型经济,努力建设成为国际化的港口城市。

荷兰兰斯塔德是欧洲最大的城市集群区之一,位于欧洲东北部、荷兰西部。兰斯塔德的主要城市包括阿姆斯特丹、鹿特丹、海牙和乌特勒支等,共同形成了欧洲最大和最富裕的城市区域之一。兰斯塔德人口是7 100 100人(2010年),面积约为8 287 km²,它是由多个大中小城市区域组成,并没有行政界线,东至乌特勒支,南到多德雷赫特[4]。从自然区位来说,兰斯塔德位于平原地区,地势平坦,处于欧洲北海的西海岸,区域内多水域分布,其最大的特点是城市区域沿海岸线分布,区域中央是一大片绿色区域。从字面上来说,兰斯塔德本身就意味着"边际城市",它也是欧洲同其他国家交流的海上通道。从经济区位来说,兰斯塔德位于欧洲经济发展较好的北部地区,北面与丹麦接壤,南面与比利时相连,西面与英国隔海相望,东面与德国相邻。周围区域都具有良好的经济基础,并且它距离"欧洲的首都"布鲁塞尔仅有120 km。与天津相似,具有较好的经济地理位置,都受到"首都"或者国际大都市的辐射带动作用。兰斯塔德是连接欧洲北部与欧洲南部重要的过渡地带,拥有欧洲最著名的物流港口之一,同时是欧洲重要的门户城市之一,也是重要的经济发展中心之一。

2) 城市功能和结构

天津和兰斯塔德有相似的城市功能和空间结构。它们都扮演着周边区域的经济中心和重要的港口城市的角色,同时两地都属于具有两个大经济发展中心区域的多核发展结构(图6-1)。

进入21世纪以来,天津市以实现城乡和区域的统筹发展为目标,逐步改变城乡二元结构,提高城乡一体化水平。天津市域内的城镇体系建设空间格局是:在东西方向上沿着"武清—中心城区—塘沽城区"这一主轴发展,在南北方向上分别建立了"宁河—汉沽—塘沽—大港东部沿海发展带"和"蓟县—宝坻—中心城区—静海西部发展带"。在这些城镇发展的轴、带之间,分别建有北部"蓟县山地生态缓建设区"、中部"七里海—大黄堡洼"湿地生态环境建设区和南部的"团泊洼水库—北大港水库"湿地生态环境建设区,基本形成了"一轴两带三区"的空间结构[5]。在此空间结构的基础上,天津根据自身城镇人口和城镇发展的特征,明确提出了以中心城区和滨海新区核心区为主、副中心,建立由主副中心、新城、中心镇和一般镇组成的四级城镇体系[5]。中心城区是指分布在外环线以内的区域,占地面积为 371 km^2,主体部分为市内六区,有和平区、河东区、河西区、南开区、河北区、红桥区,边缘部分包括东丽、西青、津南和北辰四区一部分,是天津的行政文化中心与商贸服务中心,具有综合性服务职能,也是全市人口和城镇建设最密集的地区。滨海新区核心区包括塘沽城区和坐落在塘沽的天津经济技术开发区、天津港和天津海港保税区,建成区面积约 176 km^2。本区以科技研究为重点,主要发展高新技术产业、现代制造业,利用商务、金融、物流、中介服务等现代服务业来增强服务港口的职能和提升城市的综合功能。中心城区与滨海新区核心区间各有分工、各有侧重、互相补充,

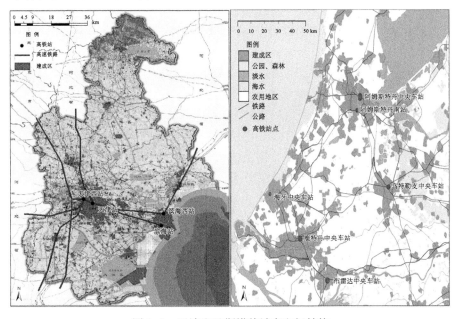

图6-1 天津和兰斯塔德城市空间结构

共同承担着城市中心的综合职能及其周边地区的城市辐射功能,构成天津的多核城市结构。根据《天津城市总体规划(2005—2020年)》,天津将成为重要的国际港口城市以及中国北方的经济中心。天津拥有天津港和天津南港两大港口。天津港是世界顶级并且国内一流的货运港口,其货运承载量居世界第五。

兰斯塔德是荷兰最重要的城市区域,也是荷兰的主要经济增长极。该区域并没有行政界限,不适用任何荷兰的政府性主体直接管理,但是该区域对荷兰具有重要的经济和社会意义。它只占荷兰土地面积的20%,但荷兰人口的42%居住在此,国内生产总值(GDP)的50%来自于该区域。兰斯塔德经济的发展好坏直接影响着荷兰经济的发展情况,但是它并不等同于荷兰的全部经济收入。该区域主要是服务业和商业,一般的工业都分散在荷兰其他区域。兰斯塔德以欧洲物流港口而闻名,但其经济较为多样,其中包括很多实力强劲的产业,例如金融和商业,交易和物流,园艺和创意型产业。兰斯塔德经济在各方面都表现不错,相比经济合作与发展组织(OECD)的其他成员地区,该区域人均收入较高,失业率较低。它是经济合作与发展组织(OECD)中对国外投资最具吸引力的城市区域之一。不同于欧洲的其他大都市区,兰斯塔德是多中心城市结构,该区域主要是由四个大城市和八个中等城市组成,构成南翼和北翼两部分,南翼的主要城市为鹿特丹和海牙,北翼的主要城市为阿姆斯特丹和乌特勒支。其中阿姆斯特丹是北部区域的增长极,鹿特丹是南部区域的增长极。阿姆斯特丹是最重要的服务业城市,而鹿特丹是重要的港口工业城市[6],并且鹿特丹港是欧洲最大的港口,也是世界第三大港口[7]。海牙是主要的各级政府以及多个国际性组织的所在地。乌特勒支则是荷兰的文化旅游之城。兰斯塔德形成多组团发展结构,不同的城市区域扮演着不同的角色,四个主要的城市区域功能各异,互相配合,形成了特有的沿海岸线分布的"边际都市区"结构。兰斯塔德约有人口710万人(2010年),是西欧人口第五大的大都市区,人口主要分布于区域内四大城市之中,其中阿姆斯特丹约80万人,鹿特丹约65万人,海牙约50万人,乌特勒支约45万人。区域内城市间的距离也较近,其中最远的是阿姆斯特丹到鹿特丹,大约75 km,最近的是海牙到鹿特丹,约25 km。四个大城市在区域中扮演不同的角色,阿姆斯特丹是文化中心,乌特勒支逐渐成为服务业中心,鹿特丹是港口物流中心,海牙是政治中心。兰斯塔德以服务业为主,区域内84%的就业岗位来自服务业,13%来自工业,3%来自农业。虽然农业就业人口较小,但是农业创造的国内生产总值却是惊人的,农产品出口占了荷兰农产品出口总额的很大一部分[8]。兰斯塔德是荷兰经济的主体,也是荷兰经济的风向标。

3) 高铁的发展

天津和兰斯塔德是具有相似人口密度的重要交通枢纽型城市。两个城市区域都有多条高铁始发或者经停,在城市的不同位置分布多个高铁站点,并各自具有不同的交通功能(表6-1)。

表 6-1　天津与兰斯塔德主要相似点

属性	天津	兰斯塔德	主要的相似点
区位	距离中国首都北京大约 111 km	距离欧盟的行政首都布鲁塞尔大约 120 km	距离首都较近且都处于海岸带
城市功能和结构	1. 国际港口功能 2. 中国北方的经济中心 3. 以中心城区和滨海新区为经济增长极的多中心空间结构	1. 国际港口功能 2. 荷兰的经济中心 3. 以阿姆斯特丹和鹿特丹为经济增长极的多中心空间结构	1. 都具有国际港口功能 2. 大区域内的经济发展中心 3. 拥有两个重要经济增长极的多中心结构
高铁站点的发展	1. 中国北方重要的交通枢纽之一 2. 整个区域高铁服务的人口密度大约是 1 100 人/km² 3. 重视高铁站点地区的发展	1. 荷兰重要的交通枢纽 2. 整个区域高铁服务的人口密度大约是 857 人/km² 3. 将高铁站点地区的发展视为城市更新的关键工程	1. 都是重要的交通枢纽 2. 高铁服务的人口密度相差不大 3. 重视高铁站点地区的发展

　　天津是中国 42 个交通节点城市之一，拥有良好的航空、海运和陆地运输系统。天津的人口密度大约为 1 100 人/km²。在高铁发展的过程中，天津市政府投入了大量的人力、物力和财力。地方政府邀请了相关专家进行讨论和规划，旨在将天津打造成重要的高铁城市。若干条高铁线路在天津交叉汇合，极大地提高了天津的外向交通条件，巩固了天津作为北方交通枢纽的地位。例如津秦铁路大大缩短了天津和东北方向城市的时空距离，津保铁路进一步完善了天津与中国西北方向的交通。截至 2015 年天津将有专用及混用的 8 个高铁站点，其中天津西站（天津现代化水平最高的交通枢纽）、天津站（天津中心车站）、滨海站（天津最具建筑感车站）和滨海西站（滨海新区最大的地上综合交通枢纽）为天津四大枢纽站，武清站、塘沽站、天津南站和军粮城北站为四个辅助型车站。

　　兰斯塔德是荷兰铁路交通的重要节点，大部分的高铁都在兰斯塔德区域。该区域的火车网络密度和使用率都很高。兰斯塔德区域的人口密度约为 857 人/km²。在兰斯塔德区共有 6 个高铁站点，分别是阿姆斯特丹中央车站、阿姆斯特丹南站、鹿特丹中央车站、海牙中央车站、乌特勒支中央车站以及布雷达中央车站。阿姆斯特丹中央车站是重要的终点站，每天客流量约 250 000 人（不包括中转乘客），多条铁路线路在这里始发，它是荷兰重要的交通枢纽之一。阿姆斯特丹南站位于阿姆斯特丹世界贸易中心，车站于 2006 年进行扩建，其交通枢纽作用越来越显著，逐渐替代阿姆斯特丹中央车站，并作为未来高铁站点进行规划发展。鹿特丹中央车站位于鹿特丹中心街区，是兰斯塔德南部重要的交通枢纽，也是鹿特丹公共交通的枢纽站。乌特勒支中央车站，从规模上来说，它是荷兰最大的火车站，每天客流量超过 15 万人次，每天有超过 900 列列车在此经停或始发，经停的列车包括国际、城际多种形式，其中最典型的就是到德国的法兰克福和瑞士的巴塞尔，城际列车多是连接荷兰北部与南部的。

6.1.2 天津和兰斯塔德的主要不同之处

1) 城市空间发展方式

天津和兰斯塔德具有不同的城市空间发展方式,包括人口增长方式和城市空间变化方式(表6-2)。虽然两大都市区具有相似的人口密度,但是它们的人口增加方式并不相同。近几年来,天津的人口增长率保持在千分之五十左右,而兰斯塔德却保持在千分之七左右,天津的人口增长速度远大于兰斯塔德的人口增长速度。对于天津而言,不断增长的人口对城市空间的扩张产生大量的需求,快速的人口增长和特殊的城市化阶段,使得天津城市空间快速成长,根据过去及对天津未来的城市规划报告,天津的建成区面积是在不断增长的。天津的城市增长形式主要是扩张型增长。相比而言,兰斯塔德的人口就比较稳定,人口增长率较低,并且兰斯塔德的城市化过程早已完成,城市发展状态十分稳定,缓慢增长的人口并不会对城市空间产生过多的增长需求。近几年来,兰斯塔德的城市建成区面积都十分稳定,相关的城市空间发展政策都是提高或更新城市土地利用,旨在创造紧实高效型城市区域。

表6-2 天津和兰斯塔德的主要不同之处

属性	天津	兰斯塔德	主要不同
经济增长	经济增长率高,GDP主要来自第二产业	经济增长率低,GDP主要来自第三产业	不同的经济增长水平和产业阶段
城市成长	人口基数大并且增长快,城市空间呈扩展式发展	人口基数较小且增长缓慢,城市空间呈集聚式发展	不同的城市成长需求
空间利益主体的合作形式	政府性主体主导城市发展工程	市场性主体和政府性主体共同引导城市发展工程,社会性主体拥有一定途径了解和表达对城市发展的意见	城市发展中不同的利益主体参与

2) 经济增长方式

天津和兰斯塔德具有不同的经济增长形式。2016年天津以人均118 943元成为中国人均GDP最高的城市。即使是在金融危机世界经济增长缓慢的背景下,天津的经济依旧保持着较快的增长速度。目前天津处于城市工业化的后期阶段,处于由第二产业转为第三产业阶段,GDP的主要来源是第二产业和第三产业,第一产业仅占1.6%,第二产业占52.4%,第三产业占46%。其中,第二产业是天津最重要的经济部门。与天津相比,兰斯塔德的经济增长率较低,并且较为波动。但是兰斯塔德的产业结构等级远高于天津的产业结构,第一产业仅占1.6%,第二产业占31.7%,第三产业占66.7%。兰斯塔德早已完成了城市化和工业化阶段,服务业与金融业是兰斯塔德的支柱产业,它的经济处于稳定阶段,波动性小。但是

2016年兰斯塔德的观察报告显示,该区域的经济增长速度略低于欧洲其他大都市区的经济增长速度,区域内缺乏创新型经济活动[9]。

3)相关空间利益主体的合作形式

天津和兰斯塔德具有不同的城市开发工程组织管理制度。在中国,政府机构大体分为三个等级,依次为国家政府、省级政府和地方政府。天津作为直辖市,由国家政府直接管理,天津地方政府具有和其他省级政府一样的等级和权力。在天津高铁站点的发展过程中,主要涉及的主体包括国家政府、地方政府和投资商。国家政府性主体负责投资、建设和运营铁路(天津地方政府也提供部分投资),天津地方政府性主体负责车站及周边基础设施的开发。市场性主体基本上参与站点地区的二级开发。而社会性主体基本没有参与规划过程,也许在未来的发展中,他们可以通过出行行为影响相关的政策制定。天津的高铁站点建设与发展主要是由政府性主体主导。

荷兰的行政单位也分为三个等级,依次为国家政府、省级政府和地方政府。兰斯塔德是一个横跨四个省域的大都市区,因此它不存在省级政府这个层次。在高铁站点建设发展的过程中,主要涉及的利益主体包括政府性主体、市场性主体(火车运营公司、私人投资商)和社会性主体(当地居民、乘客等)[10]。政府性主体是高铁站点建设项目的初始推动者,但是开发和建设车站地区的主要角色是市场性主体。对于社会性主体来说,它们在规划决策上具有一定的影响。对于兰斯塔德来说,政府性主体、市场性主体和社会性主体都参与了高铁站点的建设与发展,但属于政府性主体引导、市场性主体配合的发展模式。

6.2 空间利益主体对高铁站点地区的综合表现

正如前面背景分析所述,中国天津和荷兰的兰斯塔德具有不同的空间主体合作方式。在中国的行政体制以及我国铁路系统的国有背景下,作为城市重大发展工程之一的高铁站点地区的建设与发展,主要是由政府性主体制定发展规划方案,投资建设高铁基础设施,主导高铁站点的建设。而市场性主体的参与形式也因城市发展策略而不同。天津的高铁站点地区发展主要是政府性主体主导,市场性主体有限参与。相对而言,兰斯塔德则更多的是不同利益主体合作的形式,铁路系统也是以市场性主体经营为主,高铁站点地区的发展主要是由政府性主体和市场性主体共同协作发展。这种不同的合作形式使得天津和兰斯塔德高铁站点地区具有不同的发展特点。

6.2.1 天津不同空间利益主体的表现

在我国"自上而下"的政策制定大背景下,高铁在天津的建设发展是政府性主体主导的发展模式,也就是政府性主体主导决策全局。市场性主体虽然有所参与,但在规划和项目建设初期并没有实质性影响,可能会在站点周边区域的二三级开发过程中起到一定的作用。而社会性主体不具有直接的发言权,对于高铁站点地区的建设和发展无直接作用,它们往往通过个人的出行行为进行间接影响。

1) 天津市的政府性主体

天津高铁站点的规划与发展是在政府性主体的主导决策下进行的。政府性主体包括国家相关政府部门(铁道部等)、地方政府(规划局、发改委等)。其中国家相关政府部门负责铁路线路和站房设计的规划和建设,地方政府负责站点周围区域的配套发展和规划建设。在站点周围区域土地开发的过程中,政府性投资平台往往负责相关项目的一级开发,可以说政府性主体在天津市高铁站点的建设及发展过程中占有主导地位。

天津市政府主要以国务院确定的"国际港口城市,北方经济中心和生态城市"的城市定位为目标,依托京津冀,服务环渤海,着力优化天津的城市空间布局。以高铁站点地区为城市发展主轴的重要节点,提升城市功能,强化城市空间结构,构筑海陆空一体化的交通网络,使天津成为连通国际和区域(华北、东北、西北、华东)的客货运区域性综合交通枢纽和现代服务中心[11]。根据天津高铁站点地区发展所涉及的相关政府性主体的参与特点,我们分别访谈了相关的管理部门以及政府项目相关顾问和专家,从中了解天津市政府性主体对高铁引入天津的过程中的需求、定位和发展策略,进而分析和预测出高铁在天津城市发展中将要起到怎样的作用。

访谈问卷设计包括三大部分,分别为政府性主体对高铁城市作用的理解、需求和采取的发展策略。

(1) 天津城市发展对高铁的需求

在我国快速发展高铁的大背景下,以及天津的城市战略指导下,天津市政府相关发展部门聘请专业规划设计人员和相关专家评估天津的城市发展特点,确定高铁站点的选址和站点地区的发展规划。天津市未来的城市规划中,亟须解决的是调整与强化天津城市空间布局以及提高天津城市功能和形象。天津城市沿河发展,形成了带状河港城市布局,天津现状空间结构是以中心城区为核心,而滨海新区作为副中心正在逐渐崛起。随着滨海新区纳入国家发展战略,其城市地位大幅度提升,天津的城市空间布局面临着重大改变。依据天津的城市总体空间战略,未来天津市将以中心城区、滨海新区为发展核心,形成多点支撑、多元发展、多极增长的市域格局。而高铁站点地区的建设发展不但成为天津城市空间布局调整的重要契机,也将是城市空间发展轴的重要节点。目前天津市现有及规划建设中的高铁车站共 8 个,依次为天津西站、天津站、滨海站、武清站、滨海西站、天津南站(张家窝站)、塘沽站和军粮城北站,其中天津西站、天津站、滨海站和滨海西站为主要枢纽站,其余站为辅助站。笔者在对相关专家访谈的过程中,了解到天津市政府根据高铁服务范围的不同,将服务京津冀区域的铁路称为城际铁路,服务跨城市群的铁路称为高速铁路(本书以列车速度为基准,两种类型都属于高速铁路)。由于服务范围的不同,政府规划人员在进行站点选址时就产生了不同的需求。天津城市规划院交通所曹所长认为,"城际铁路更多的是服务于一个城市群内部的日常城市间通勤,出行频率频繁,旅客量大,对于搭乘公共交通的时间要求更为苛刻。因此在站点选址的过程中,城际高铁站点一般选在偏市中心的位置,而对于跨城市群区域服务的高铁站点,则选在近郊位置,为未来城市发展预留空间"。曹所长作为参与天津高铁站点选址以及周边规划的重要专家之一,他十分认同高铁在天津未来城市空间布局中将要起到的带动作用,正如他所说,天津是国内仅有的将高铁引入市中心并横穿整个中心区域的城市,这种选择付出的代价是巨大的,但天津市政府主体之所以会冒如此大的风险作出这样的选择,是认识并相信高铁将会对天津城市空间结构产生巨大影响,为天津发展带来机会。在对天津市部分相关政府官员的访谈中了解到,对于目前的天津来说,首要的城市问题就是完善并升级城市内部公共交通基础设施,逐渐改变并优化城市空间结构。而高铁的建设无疑为天津的城市交通和空间结构的改变提供了一个绝好的契机,为天津城市更新升级提供了良好的催化剂。

天津高铁站点选址主要是从两方面考虑的,既服务现有的消费人群,满足周边区域的需求,又有利于公共交通的衔接,围绕高铁站点形成新的增长区域。天津政府性主体对8个高铁站点有不同的定位需求,具体如下:

天津西站:从交通功能来说,主要是办理津浦线沧州方向短途旅客列车的始发、终到作业,办理北京至上海方向、天津(东北)至上海方向通过的旅客列车的到发作业以及陈塘支线货物列车的到发和解编作业[11]。从城市功能来说,考虑到天津西北部城区发展,红桥等区相比南部区域发展较弱,在此设立西站,并将其定位为天津城市发展的副中心(津沪高铁、津秦高铁东北方向,与京广高速连接,形成高铁的十字枢纽),既是重要的交通枢纽,又将成为带动区域发展的经济中心。

天津站:从交通功能来说,天津站为枢纽客运站,位于京山线上,衔接北京、山海关、上海三个方向,主要办理京山、京沪、津蓟、津霸线旅客列车的始发、终到作业和山海关方向与北京、济南方向通过旅客列车的到发作业[11]。从城市功能来说,主要是考虑到充分开发依托北京这一优势资源,拉近天津与北京之间的时空距离,除了需要快捷的高铁,更重要的是要有与之相连的天津市内公共交通。只有便捷的无缝连接公共交通,才能从实际意义上缩短京津的时空距离。

滨海站:从交通功能来说,滨海站主要作为连接北京与天津滨海新区的重要高铁站点。滨海站位于于家堡国际金融中心,该站将成为重要的交通枢纽,使得于家堡国际金融中心具有完善的交通可达性。从城市功能来说,该站显著提升了于家堡国际金融中心的可达性,增加了对经济活动在此聚集的吸引力。

滨海西站：从交通功能来说，滨海西站规划为天津枢纽客运站之一，京津城际、津保城际及津唐城际在该站交汇，该站将发展为环渤海地区城际铁路的换乘枢纽。从城市功能来说，作为滨海新区最大的地面火车站，滨海西站是津秦客运专线上的新建车站，位于滨海新区海洋高新区金海湖北侧，距离滨海新区核心区 12 km，南临开发区第九大街。随着津秦客运专线和周边地铁线及城市道路的建成，滨海西站将充分发挥交通枢纽的作用，增强滨海新区辐射作用，助推滨海新区加快开发开放的步伐。

天津南站（张家窝站）：从交通功能来说，天津南站是规划的新建辅助客站，车站性质为中间站，主要办理京沪高铁高速列车的通过作业。从城市功能来说，天津南站主要服务并带动天津西南部区域发展。

武清站：从交通功能来说，武清站是京津城际铁路天津段唯一的经停站，是连接武清工业园区与北京、天津中心城区和于家堡国际金融中心的重要高铁站点。从城市功能来说，武清站周边区域未来的发展潜力比较好，由于靠近北京未来规划建设的首都第二机场，经济地理位置优越。

塘沽站：从交通功能来说，塘沽站为枢纽客货运站，主要承担客货列车的到发、通过作业，同时为塘沽地区和天津港口集疏运服务，并办理天津至塘沽市郊旅客列车的始发、终到作业[11]。从城市功能来说，塘沽站成为塘沽区的人群聚集公共空间之一。

军粮城北站：从交通功能来说，该站主要是高铁线路的辅助车站。

（2）实施措施

天津市政府对于高铁十分重视，积极投入大量人力、物力、财力进行规划建设，新建高铁专用车站，依据"十二五"期间计划完成城市内部高铁站点区的相关建设。天津中心城区布局两个主客站分别为天津站、天津西站，主要服务天津主城区；辅助客站为天津南站和武清站，目前都已投入使用。天津滨海新区布局滨海西站、滨海站两座主站，辅助站为塘沽站和滨海北站，这些站点于 2013 年年底开通。除了天津站是位于市中心城区的旧车站的升级改造，其余车站都是在城郊区域选址、建设的新的专用高铁车站。

总的来说，天津目前的高铁系统发展态势比较好，与国内其他城市相比，是高铁发展较快的城市之一，这与天津市政府对高铁引入城市的重视是分不开的。天津市的政府性主体在高铁站点建设的过程中，不但负责高铁站点衔接的公共交通设施的建设，还负责高铁站点周边区域的一级开发。

天津是国家确立的 42 个交通枢纽城市之一，也是海、陆、空三大交通融合发展的重点交通城市，地理位置优越，是沟通华北、西北、东北的重要交通节点，并且天津又是重要的港口城市，可谓占尽"天时地利"。因此天津市政府在高铁发展的过程中给予了极大的重视和投入，聘请相关专家讨论未来高铁规划方案，更积极向国家部门申请尽可能多的高铁线路汇集天津,结合铁道部的高铁发展规划,旨在将天津打造成为重要的高铁枢纽城市。津沪高铁是国家铁路部门规划经停天津的高铁线路,但在国家规划的基础上,天津市政府采取了积极行为争取更多线路,津秦线就是天津市政府积极向铁道部争取所获得,这条高铁是打开天津与东北连接通道的关键,可以拉近天津与东北地区的时空距离。津保线是天津连接西北方向的另一关键道路,天津政府性主体认识到天津整体交通的缺陷,在西北方向的交通比较薄弱,因此在发展高铁的契机下,积极向上层政府争取更多的高铁线路,完善天津对外交通,具体措施如下:

① 天津高铁线路规划

在国家《中长期铁路网规划》中,规划京沪高铁进入天津枢纽,京哈高铁在市域北部通过,并规划由京沪、京哈联络线即津秦客运专线进入天津枢纽。京沪高铁与京哈高铁津秦联络线在天津形成"Y"字形高铁枢纽结构[11]。为加强环渤海地区各城市间的交通联系,规划将建设该地区的城际客运专用线,形成以京津方向为主轴,石家庄、保定及唐山、秦皇岛为两翼的双三角形布局结构。其中京津城际专线由北京至塘沽后沿京山线向北通往唐山、秦皇岛方向,天津至保定方向的城际专线引入天津西站,京秦城际专线沿京秦线在市域北部通过,未引入天津枢纽,城际专线在天津未形成换乘枢纽[11]。与高铁主要承担远距离城市间的长途直通旅客运输不同,城际客运专线主要为本区域的城市之间提供便捷的交通联系,带动沿线地区的发展。规划考虑京津冀北都市区的远景发展趋势及加速京津一体化进程的迫切需要,充分发挥天津市作为核心城市的作用,结合天津中心城市布局结构,在天津构筑"十"字形城际专线枢纽[11]。

② 高铁站点地区的建设与发展

高铁站点周边区域的规划与建设主要是由天津的地方政府性主体负责,地方政府不但负责建设与高铁站点相衔接的公共交通,还负责高铁站点周边区域的土地开发。天津的高铁站点基本上都选在城市郊区,天津的地方政府性主体期待能够借助高铁站点的建设和带来的人流带动周边区域发展,形成新的城市中心。在天津地方政府性主体一致的发展目标下,天津高铁站点的建设非常顺利,规划中的高铁站点都逐个建成,大部分的高铁站点也都已经通车运营,滨海西站和滨海站在2014年年底通车运营。天津高铁站点的建设基本上都是城市建设的大工程,投入巨大,例如天津西站是将过去的老站进行平移,在天津市政府与天津红桥区政府的共同配合下,以天津西站的建设为契机,投资百亿元对整个区域进行重新改造,完善公共交通设施,大范围进行土地开发,旨在打造高铁高端商务区,将天津西站及其周边区域定位为城市副中心进行发展。滨海站是滨海新区的重点项目之一,将高铁站点与城市内公共交通的衔接作为重点,新建高铁站点,全新开发高铁站点周边区域。滨海站本身外观造型独特,是与国外合作设计建造,在造型上有很多创新点和亮点,可以说是其周边区域的标志性建筑之一。

在政府性主体的主导下,天津高铁站点地区的开发建设有条不紊地进行着,高铁站点的建设如期展开并按时完成高铁站点的所有相关基础设施建设。但是车站周边区域的开发建设却需要更多协调和努力。从经停的列车类型来说,天津的高铁站点是高铁专用车站;但是从衔接公共交通服务,以及周边区域的城市空间质量来说,这些条件又不能满足对高铁车站的前期定位和需求,成为某种程度上的"孤岛型"高铁站点。

总之,在天津高铁站点的建设和发展中,政府性主体起到了重要的主导作用。正是由于天津政府性主体对高铁可能带来影响的充分认同,政府性主体具有一致的发展态度,天津的高铁发展才能如此迅速,高铁站点的建设发展才能和天津的城市发展需求相互契合。但是政府性主体主导着高铁站点的建设及其周边区域的发展,有时不能充分满足市场性主体的需求,也不能充分利用市场性主体的能力来发展高铁站点周边区域,使得政府性主体有时会力不从心,高铁站点周边区域的空间质量不能完全得到保障,很容易形成"孤岛型"高铁站点。

2) 天津市的市场性主体

在我国目前的管理体制之下,在天津高铁站点建设及其发展的过程中,市场性主体并不能直接参与目标规划的制定,更多的只能在二三级项目实施的过程中参与其中。高铁线路及站房的建设由我国铁道管理部门负责,站前的广场以及地下空间由地方政府的相关部门负责,站点周围区域的一级开发由当地政府进行统一规划发展(多为政府性投资平台,例如发展委员会等),市场性主体一般很少直接参与规划。一般情况是在当地政府的规划指导下,市场性主体根据政府提供的现有方案进行二级或者三级开发。

目前天津高铁站点区域周边的开发项目多数是由政府性投资平台进行一级开发建设的,在对一级开发项目相关负责人访谈的过程中,可以发现它们的利益需求同政府性主体的利益需求具有相当的一致性。它们认同高铁已经带给城市和未来将带给城市的影响,认同这是一次具有长远经济效益的投资行为。它们认为高铁能够带来更多的消费人群,带动周围区域开发,增加区域繁荣度。但是在政府的规划建设中,市场性主体需要政府性主体不断地改善周边环境,完善公共设施,保证周边公共交通的综合集成,提高周边区域的可达性。然而参与二级开发的市场性主体,其需求往往更追求利润。天津高铁站点区域的发展基本从零开始,虽然二级开发的市场性主体认识到高铁站点周边区域开发的潜力值,但是在近期却需要大量的资金投入,也要承担前期利益风险。因此在相关的投资中,它们往往有所犹豫,需要政府性主体的鼓励并提供前期发展优惠政策支持,不断地完善站点周边环境,尽量保证二级开发的市场性主体的相关利益,才能吸引市场性主体的投资。

正如前面所表述的,天津高铁站点周边区域一级开发涉及的市场性主体,除了具有部分政府性性质的市场性主体外,其他市场性主体很难直接参与具体的规划制定中,它们在高铁站点的规划发展中很难有直接发言权,但是它们通过各自的经济实力和投资行为反映它们的利益诉求,使得天津政府性主体在制定相关的发展规划时可能会考虑到市场性主体的利益诉求。由于市场性主体在高铁站点周边区域规划建设中参与度较低,因此它们的主要实现方式多体现在站点周边项目的投资率、商户入住率、投资规模等经济指标上。若站点周边区域的发展规划能够满足市场性主体的利益需求,便会吸引它们来投资和建设,推动站点地区的发展,提升区域繁荣度。但是若站点区域的发展规划不能满足市场性主体的利益需要,或者需要投入大量资金,回报周期长,市场性主体反应缓慢或拒绝投资开发,就使得车站周边区域的城市发展成不了规模,升级缓慢。例如在天津南站(张家窝站)的发展中,由于南站位置距离市中心较远,并且周边基础设施跟不上,公共交通也不够便捷,周围虽开发了大量的商铺和办公区域,但商业入住率却很低,市场性主体考虑到经济利益的风险性及周期性,在此区域的投资期望并不大。虽然政府性投资平台在一级开发规划中具有良好的市场愿景和规划措施,但是当不满足市场原则时,就不能达到预期效果,高铁站点也很难发挥出它的积极效应。

由此可见天津的市场性主体在高铁站点的规划建设中扮演着较为被动的参与角色,多数时候不能够直接参与目标规划。若政府性主体提供的发展方案能够满足市场性主体的需求,则高铁站点周边区域的发展将如虎添翼,快速发展,充分利用高铁站点带来的积极作用;反之,若未能或暂时未能满足市场需求,则会延缓高铁站点周边区域的发展速度,增加政府性投资平台的资金投入成本和周期,增大经济风险。这种情况往往会变成高铁如期到来,但是高铁站点周边的空间质量却无法匹配,很容易形成"孤岛型"高铁站点。

3)天津市的社会性主体

在我国"自上而下"的政府管理制度下,社会性主体并不能直接参与城市大型项目的规划。天津高铁站点的规划及建设也是如此。社会性主体更多的只有通过个人的行为来反馈它们的利益需求,也许会实现对高铁及其站点区域发展的诉求。在我国,社会性主体更多的是被动参与的角色,在天津也基本不存在任何形式的社会性组织来表达社会性主体对相关规划建设和发展的诉求,并且目前来说对于高铁这种在中国新兴的交通方式,多数的社会性主体的需求和认同主要是对其交通功能的需求,而对于高铁站点周边的好的城市空间质量的概念还没有形成,很难直接表达出对高铁站点城市功能的要求。总之,目前来说,天津的社会性主体还没有办法直接参与或表达它们的利益诉求来影响高铁站点及其周边区域的发展。基于此,本部分以最主要的社会性主体——天津高铁乘客为研究对象,通过解析居民的高铁出行特征来挖掘他们可能的利益诉求以及未来可能带来的影响,希望能为未来天津的交通规划、决策和发展战略研究提供一定的依据[12]。

天津作为我国重要的港口城市，也已发展成为重要的高铁枢纽城市，京沪、京津等多条高铁线都通过天津市。其中最为典型的就是京津城际高铁。京津城际高铁是连接北京与天津的高铁，沿途经过河北省廊坊市，全长 120 km，设计时速为 350 km，最小发车间隔为 3 分钟，年客运能力单向为 6 000 万人次，双向为 1.2 亿人次。京津城际高铁是京津城际的主流交通方式。京津城际高铁通过缩短城市间距，满足两地居民跨城消费、工作和经营往来的需求，人们共享两地资源又催生两地互动和兼容的生活方式、就业形式和商务模式，使得京津都市圈内城际出行行为发生了深刻的变化。社会性主体的选择和出行行为可能会对天津的城市发展产生重要影响，也为政府在制定未来高铁站点的规划中提供大量的数据和信心支持。因此这部分以京津城际出行者为研究对象，作为社会性主体的代表，通过实证分析京津城际出行的特征和变化，采用地理信息系统（GIS）及社会统计方法，探索高铁建成后社会性主体出行行为的特征及其变化，从中挖掘社会性主体的发展需求，预测未来这种变化可能会对天津高铁站点的发展带来怎样的作用。

（1）数据来源与数据处理

① 数据来源

由于京津城际出行是个循环的人流圈，因此在北京南站截取一个界面，通过问卷调查和访谈来获取相关数据及信息。本书的基础数据于 2011 年 4 月 8 日—4 月 12 日连续 5 天从 6 点至 19 点在高铁车站进行抽样获得，分 4 个时段（7 点—9 点，10 点—12 点，13 点—15 点，16 点—18 点）进行问卷调查，这样就覆盖了每日的人流高峰期以及非高峰期。每日抽取的样本容量是基于预调查数据进行变量计算获得，即 2010 年 12 月 26 日—2010 年 12 月 30 日共进行 200 份问卷预调查，选择出行行为中的出行方式、出行频率作为计算样本容量的变量。由于每天乘坐高铁的人数不能具体确定，是波动数据，因此利用以下公式进行样本容量确定（误差不超过 0.1，置信度为 0.95）：

$$n=\frac{t^2 p(1-p)}{\Delta^2}$$

出行方式变化：根据预调查 $p=0.87$，$n \approx 43$。

出行频率变化：根据预调查 $p=0.53$，$n \approx 96$。

根据不同变化分别计算每天应抽取的样本容量，取其最大值。在抽样调查中，每天抽取的样本不应少于 96 个，因此样本容量定为每天 100 份。在保证不少于预调查计算样本容量的基础上，5 天共发放问卷 1 400 份，回收 1 379 份，有效问卷 1 334 份，有效率为 95.3%。调查问卷内容包括人们的出行行为相关属性和个人自然以及社会建构属性两大部分。

② 数据处理

将调查问卷数字化，建立数据库，每个人具有自己相对稳定的行为模式[13]，进而分别从出行交通方式、出行频率、出行需求（目的）、出行的时空分布和出行的空间感知五个方面来分析城际出行行为的时空特征及其与个人社会经济属性的相关关系，寻找规律。调查问卷中的数据以定类和定序数据为主，因此主要采用非参数分析和列联表分析中的统计方法。

(2) 京津城际出行行为分析

① 出行交通方式及其潜在作用

京津城际高铁开通后，打破了原有城际交通方式的分布格局，改变了城际交通分担率。目前北京与天津之间的交通方式是高铁、大巴、普通火车、私家车、出租车，各自特征见表6-3。

城际高铁开通前，往来的主流交通方式是普通火车和大巴。城际高铁开通后，高铁以其高速和公交式的运行模式在所有交通工具中占据优势，成为城际出行的最主要交通方式。通过计算得出其城际交通分担率为73%。运用交叉表(Cross-tab)分析得知，在城际高铁对其他交通方式产生的"袭夺作用"中，对普通火车的作用最为强烈，目前乘坐城际高铁的乘客有47.9%来自普通火车，其次是大巴、私家车、出租车和公司班车(表6-4)。在被访乘客中，大多数都认为高铁与大巴、出租车相比，经济成本相差不大，并且乘坐大巴和出租车存在安全隐患、堵车等不可预知的问题。随着到达北京南站的市内公交系统的完善，与上述两种城际交通方式比较，人们更倾向于选择城际高铁。同时普通火车班次较少，时间较长，购票不易，也使其逐渐被城际高铁所挤占。高铁的出现改变了过去的交通格局，极大地缓解了京津之间的公路运输压力。而且高铁具有能源消耗结构合理、环境污染小、土地占有量小等优点，是一种环保型的城际交通方式，提供了低碳、环保的出行方式，为构建起城市"生态流"的通道作出了贡献。

表6-3 京津城际交通方式特征

交通方式	出发地	目的地	发车间隔时间	每天车次	经济成本	时间成本	每日运输量	运行周期
城际高铁	天津站、塘沽站、武清站	北京南站	10～15分钟	约57次	58～62元	29分钟	约4.5万人	早6:35—晚23:30
大巴	天津	赵公口、四惠、八王坟等	10分钟	约101次	30～35元	至少1.5小时	约5 000人	早6:35—晚19:30
普通火车	天津站、天津北站	北京西站、北京站	多为经停车，发车间隔时间长	约16次	19～25元	2.5小时	约4 000人	多在早6点以前，中午11点
私家车	不定	直接到达目的地	不定	不定	约200元	至少1.5小时	不定	不定
出租车	不定	直接到达目的地	不定	不定	人均50元	至少1.5小时	不定	不定

表 6-4 京津城际吸纳其他交通方式乘客比例

主流交通方式	其他交通方式					总计
	大巴	私家车	普通火车	出租车	公司班车	
城际高铁吸纳乘客比例/%	26.2	19.9	47.9	3.1	2.9	100

城际高铁开通前,过去几种交通方式的经济成本与时间成本相差不大,人们不会过多地考虑交通方式的选择,一般是就近搭乘。但是城际高铁开通后,在其较高经济成本与低时间成本并存的情况下,人们会根据自己的实际情况选择适合的交通方式,造成了城际出行交通方式的阶层分异。将城际出行的交通方式同个人相关属性进行 Cross-tab 分析,发现京津城际出行客流的交通方式的选择同个人收入、职业具有一定的相关性,统计检验显著。结果显示月收入位于 3 000～6 000 元的乘客会更偏向于选择乘坐城际高铁;城际高铁客流中约有 50.7% 的乘客收入位于 3 000～6 000 元;低于 3 000 元的乘客更倾向于选择普通火车、大巴;而高于 7 500 元的居民更倾向于选择乘坐私家车。城际高铁使得北京到天津的时间缩短为 29 分钟,相比其他交通方式,时间成本优势明显,这对于那些以商务出行为目的的公司职员和管理人员十分重要。因此京津城际高铁的乘客以公司职员和企业管理人员为主,占 53%。

高铁逐渐替代了其他交通方式,成为运输和集聚人流的重要交通工具,说明了高铁站点地区的未来发展潜力和发展需求,利用交通需求带来高铁站点周边社会经济活动的开发成为可能。人们的交通方式选择与个人属性的相关关系,在一定程度上为高铁站点地区的社会经济活动的聚集情况提供了参考。随着高铁站点地区汇聚商务人士的增多,相应的满足商务服务的行业更容易发展起来,这对于站点地区的发展定位起到了一定的指导作用。

② 出行频率及其潜在作用

城际高铁的建设将促进京津两市的优势互补、合理分工[14],带来人口的高速流动。经样本统计得出,高铁开通前,人均往来于京津的出行频率强度指数为 2.46,开通后,频率强度指数增加到 3.24。从过去与现在的出行频率对比发现(图 6-2),随着高铁的开通,出行频率的强度逐渐增加,每天和每周通勤的人数明显增多。相比过去,现在半年往返一次的人群逐渐减少。这样的交流频率的增高,使"同城效应"增强。在出行频率强度的分类中,每月往返两到三次、每周往返一次、每周往返两到三次这三类出行人群增长最多,分别增加 7.5%、6.5%、4.3%。根据访谈得知,由于个人收入和市内公共交通限制,大多数人能接受每周通勤一次这种模式,他们往往在北京工作,家在天津,周一至周五居住于单位或在北京租房,每周末才回家一次,这类通勤形式中年轻人居多,36 岁以下占 74.2%。在对每周两到三次与每天通勤的人进行访谈发现,相比城际交通成本,他们更在意的是出发地与高铁车站间市内公共交通的衔接便利程度。因此,两个城市内的公共交通与高铁车站的衔接程度对出行频率强度有较大的影响。

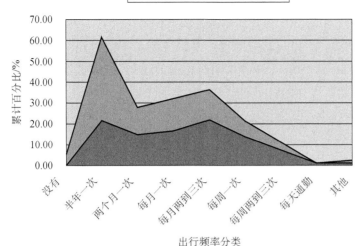

图 6-2　出行频率对比变化

将出行频率同个人属性进行 Cross-tab 分析和相关分析,发现城际出行频率同个人收入具有等级相关关系,与交通费用类型(公费、半公费、自费)具有相关关系。首先,在一定范围内(分布于 10 000 元以上的样本),随着收入级别的提高,乘客的出行频率也不断增加。其次,随着报销费用在交通费用中所占比例的增加,出行频率也有所加强。如将每天通勤与半年往返一次的样本进行对比发现,每天通勤的乘客中有 27.3% 是部分公费,有 36.4% 是全部公费,而半年往返一次的乘客中有 60.5% 是全自费,20.9% 是全公费。可以看出城际出行的频率在很大程度上还是受经济成本的影响,在加速京津同城化的过程中,应考虑到合理的时间成本及出行交通经济成本对京津城际一体化的影响。

在公交式的运行模式下,高铁加强了城际出行频率的强度,两个城市的联系更加紧密,越来越多的人采取周通勤、日通勤的生活模式。并且出行频率的强度同个人收入及交通费用报销比例具有等级相关关系。可以发现,乘坐高铁的出行频率还是受到了经济成本的影响。如果能够有效地调控出行的经济成本,社会性主体利用高铁的频率就会产生变化,这种变化将直接关系到高铁站点地区的发展。

③ 出行目的分析及其潜在作用

京津城际开通后,周末去天津吃小吃、听相声成了越来越多北京人休闲的方式。据不完全统计,天津市免费开放的 6 个博物馆和纪念馆在 2008 年至 2009 年上半年,累计接待观众近 400 万人次,其中外地游客近 80 万人次,北京游客占了 90%[15]。这从侧面反映了时空距离的缩减使人们的生活需求范围由居住的城市扩展到了邻近的城市。需求空间,或者说出行目的因高铁带来的变化目前是值得关注的方面。分别对城际高铁开通前后人们的购物、商务出行、娱乐、访友、旅行等出行目的进行非参数检验对比,检验结果显著,如表 6-5 所示,采用非参数分析中配对设计的威尔科克森(Wilcoxon)符号秩和检验法,在检验显著的条件下,Z 值绝对值越大表明变化趋势越明显。可以发现表中的出行目的都有所增加,但以商务出行、购物、访友为目的的出行相比高铁开通前增加最显著。另外统计发现,出行目的具有明显的周期性变化(图 6-3)。目前京津居民城际出行目的主要以商务出行为主,占 45.2%,上班通勤出行占 13.0%,周间的周一到周四商务出行占较大比例,至周五逐渐减少。相反,访友、旅游等非基本出行目的却随着周末的到来逐渐增加。实地观察发现,周六、周日旅行团较多。

以商务出行为目的的城际出行强度同收入、职业、性别具有相关关系。在一定范围内,收入越高,城际出行强度越大;在职业上,企业管理人员、公司职员、科技人员相比其他职业城际商务出行的强度大;男性比女性强度大,女性仅有 29.1% 有过商务城际出行,而男性则占 50%。以访友为目的的城际出行同收入呈负相关关系,统计显示 1 500 元以下,有 72.8% 的乘客以访友为目的进行城际出行。进行职业变量的控制,发现 81.5% 的大中学生经常以访友为目的往返于京津之间。这是由于学生群体较少有职业限制与压力,有较充裕的时间访友、娱乐,加上该群体多以情感需求为主,使他们成为以访友为目的的城际出行主体。

表 6-5 京津城际高铁出行目的检验

	现在购物—过去购物	现在商务—过去商务	现在娱乐—过去娱乐	现在访友—过去访友	现在餐饮—过去餐饮	现在旅行—过去旅行
Z	−12.782(a)	−13.475(a)	−12.070(a)	−12.761(a)	−10.942(a)	−11.645(a)
双边检验显著值	0.000	0.000	0.000	0.000	0.000	0.000

注:a.检验结果是基于负数等级(现在指高铁开通后,过去指高铁开通前)。

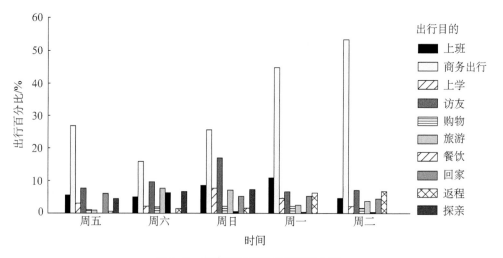

图 6-3 京津城际高铁出行目的分布

购物为目的的城际出行强度同性别具有相关关系,同年龄呈弱负相关关系。女性乘客比男性乘客更多,分别占 45.7% 和 35.3%。18 岁以上的样本表明,随年龄增长,城际购物的倾向性减少。其中 18～25 岁的乘客中有 51.9% 会以购物为目的往返于京津之间,同一目的在 26～35 岁乘客中占 37.9%,到 56 岁以上下降到 17.4%。

高铁乘客的出行目的呈现以商务出行为主,兼有购物等多样化的出行需求,出行目的在不同时段呈现不同的分布特点。这为高铁站点周边的土地开发提供了一个发展方向和参考依据。

④ 出行时空分布及其潜在作用

出行行为的时空分布分析,不但能够反映出城际活动的发生节奏,也能反映出社会性主体在空间中的位置关系、集聚程度及通过线状基础设施而发生的相互作用的方向和强度[16]。

通过实地考察,发现京津城际出行的时间分布具有周期性。首先,以季节为周期,秋冬季的早高峰晚于春夏季,春夏季的早高峰一般在 7 点半与 8 点半之间,秋冬季的早高峰在 8 点半与 9 点半之间;春夏季的晚高峰在 17 点与 18 点之间,秋冬季的晚高峰比春夏季晚高峰提前些,在 16 点与 17 点之间。其次,以一周为周期,周一、周五通常是高峰日。最后,以一天为周期,人流量的差别不是特别明显,通常早高峰是在 7 点半与 8 点半之间,晚高峰在 4 点半与 5 点半之间,中午也会出现一个小高峰,在 10 点半与 11 点半之间。从下午 13 点开始,返程乘客达到 62.5%,成为城际出行的主要人群(表 6-6)。

表 6-6 京津城际高铁出行时间—类别列联表分析

时间	种类		总计
	返程	不是返程	
7 点—9 点	39.30%	60.70%	100.00%
10 点—12 点	52.10%	47.90%	100.00%
13 点—15 点	62.50%	37.50%	100.00%
16 点—18 点	73.90%	26.10%	100.00%
总计	57.10%	42.90%	100.00%

在高铁的作用下,北京与天津之间的城际出行模式越来越像城内出行的模式,便捷的城际高铁使得人们可以在一天之内顺利实现多种出行需求并实现当日往返于两个城市之间。不同时间段的出行规模,一方面影响了站点地区公共交通的集聚方式,另一方面将为高铁站点地区的节点质量发展提供参考。

⑤ 出行空间感知及其潜在作用

在地理空间被时间消灭的过程中,人们对空间的感知会发生变化。城际高铁的出现在一定程度上缩减了京津之间的地理距离,改变了人们对两城间距离的感知。首先,表现为人们将更多的日常需要扩展至邻近的城市,如工作与购物娱乐等行为。其次,表现为同城化效应的增强,一方面是如前所述的双城功能互补的趋势,另一方面是职住分离。下面从这两个维度对空间感知的变化进行论述。对样本数据进行非参数分析,Wilcoxon 符号秩和检验的双边检验显著,sig 值<0.05,Z 值为 −15.089,具有统计学意义,这说明高铁开通前后,人们的城际空间感知确实发生了变化。

a. 日常例行行动的范围与频率

空间感知的变化表现为日常例行行动的空间范围和时间频率的变化。本书从工作地、居住地、购物娱乐地可选范围和商务出行次数、回家次数、与生意伙伴见面次数、城际购物娱乐次数等频率变化、对空间感知的变化进行测量(表 6-7)。统计发现,工作地、居住地、购物地可选范围的增加同年龄具有等级相关关系(检验结果显著)。18 岁以上人群,随着年龄增长,行动范围和行动频率的增加表现越弱。访谈得知,18~25 岁、26~35 岁的人群一方面更易于接受新事物,另一方面工作生活可能随时面临较大变化。而 36 岁以上的人群,工作、家庭基本稳定。谢利剑认为在一定意义上,家庭结构越复杂,城际通勤所受家庭的约束越强[17],这部分人群因追求稳定,且家庭责任之故,不愿意有太多改变,高铁对该类人群工作、居住和购物地选择范围增加的影响就较其以下年龄人群小。

从各指标相互比较来看,18~25 岁的人群购物地范围增加最显著(增加样本占总体比例为 60.19%),这部分人群多数处于学业期,对消费的需求最强烈。26~35 岁、36~45 岁、46~55 岁人群商务出行次数增加最显著(增加样本占总体的比例分别为 57.23%、48.28%、47.62%),这部分人群处于事业期,商务出行、出差等公事是主要需求。56 岁以上人群访友次数增加最显著(增加样本占总体的比例为 28.99%),这部分人群多已退休,更在意朋友间的互动与交流,情感是主要需求。特别发现在访友次数这一空间感知指标中,有 1.4% 的 56 岁以上人群表现出次数减少,访谈得知,原因在于高铁票价对于他们显得过高。

表 6-7 京津城际高铁开通后各类人群空间感知变化 (单位:%)

空间感知变化	年龄						总计
	18 岁以下	18~25 岁	26~35 岁	36~45 岁	46~55 岁	56 岁以上	
工作地范围增加	37.50	55.40	43.55	34.48	23.81	24.64	43.30
居住地范围增加	62.50	42.93	34.57	27.59	17.14	20.29	34.17
购物地范围增加	50.00	60.19	45.70	34.48	22.86	20.29	45.43
商务出行次数增加	25.00	51.32	57.23	48.28	47.62	26.09	51.37
访友次数增加	25.00	56.83	55.66	47.78	33.33	28.99	51.45
娱乐次数增加	12.50	58.51	43.36	30.05	21.90	21.74	43.07

b. 职住分离

同城化现象的凸显,在很大程度上表现为职住分离,这也是人们对两市空间距离感知变化的体现。职住分离的行为现象在西方已十分普遍,可在中国的时间并不长,实践这种生活方式的人群属少数,而更多表达在人们的观念和意识层面。在问卷设计中,我们着重考察人们的意愿,而非实际行动,这能表达出未来两市之间职住分离大范围实现之趋势。表6-8是高铁开通前后职住分离意愿的统计结果。

统计结果显示,高铁开通前,有83.4%的人没想过或不愿意职住分离,仅有16.6%的人有过职住分离的意愿。而高铁开通后,没想过或不愿意职住分离的人数比例降至61.8%,而有职住分离意愿的人数比例增加至38.2%。进一步通过开通前后非参数分析对比,显示有37.5%的样本相比过去他们的职住分离的意愿有所改变,越来越能够考虑或者接受这种生活方式。

在职住分离的偏好中,有80.2%的人选择工作在北京,居住在天津,这也符合北京的工作薪酬较高而天津房价相对较低的现实。这样的职住分离将有效地促进京津两市的经济发展,也会极大地改善两地居民的生活质量[18]。从整体上来说,多数人认为城际高铁增加了他们商务出行和访友的次数,而对于居住地与工作地的可选范围影响的变化是因人而异的。

首先,高铁开通前后乘客职住分离的意愿相互存在很强的正相关关系,相关系数为0.6。说明人们对依托高铁通勤的职住分离生活模式在较大程度上受过去认同的影响,访谈发现是由于人们往往遵守往常的思维惯性之故。而高铁的开通更多的是刺激了那些过去就有此想法的人,为这部分乘客提供了现实条件。

其次,职住分离意愿与居住地相关,居住于天津市区、武清等地的乘客相较居住于北京的乘客有更强烈的职住分离意愿。居住在天津市区的乘客42.6%有此意愿,居住在武清的乘客51.8%有此意愿,居住在塘沽的乘客38.9%有此意愿,而居住在北京的乘客只有34.3%有此意愿。加上在具有职住分离意愿样本中有80.2%的群体倾向于工作在北京、居住在天津,这表明高铁的出现强化了北京对天津市区、武清、塘沽工作指向职住分离人群的吸引,而天津对居住指向职住分离人群的吸引力并不突出。

表6-8 京津城际高铁开通前后职住分离意愿对比

高铁开通前职住分离的意愿	占总体比例/%	高铁开通后职住分离的意愿	占总体比例/%
有,很强烈	2.2	有,很强烈	7.3
有,不强烈	14.4	有,不强烈	30.9
没想过	46.4	没想过	32.8
不愿意	22.4	不愿意	21.6
非常不愿意	14.6	非常不愿意	7.4

最后，职住分离的意愿同出行频率具有很强的相关关系，出行频率越高，分离的意愿也就越强烈。半年往返一次的有 25.6% 的样本显示有此意愿，每月往返两到三次的有 40.3% 的样本有此意愿，每周往返一次的样本比例则增加到 52.2%。

可以发现，京津城际高铁在逐渐地改变着京津两个城市，尤其是天津市居民的居住选择与出行行为，越来越多的人能够接受职住分离的生活方式。访谈中了解到，只要站点地区的公共交通衔接足够方便，很多人能够接受这种生活方式。站点的节点质量是乘客关注的重点，并且站点周围的房地产对于这些乘客也是很有吸引力的。天津社会性主体空间感知的变化，在某种程度上，对站点周围未来的土地开发具有一定的参考价值。

总之，天津市的社会性主体通过这样的方式进一步影响着城市内高铁站点的规划和发展。社会性主体对高铁的认同和需求以及他们选择行为的不断改变，影响了市场经济，也为政府性主体提供了规划发展方向。社会性主体的需求往往反映了城市的发展需求，在天津社会性主体的大量行为反馈下，天津市高铁站点的规划、建设与发展将更多地满足城市居民的需求。

6.2.2 兰斯塔德不同空间利益主体的表现

荷兰的铁路建设、管理和运营主要涉及四部分，依次为荷兰基础设施和环境管理部门（Ministry of Infrastructure and the Environment，简称 IenM）、荷兰铁路管理局（ProRail）、荷兰交通公司（NS）和当地政府（Municipal），前三个主体都属于政府性主体，而 NS 是一半国有一半私有的以追求经济利益为主的市场性主体[10]。通常 IenM 主要负责规划建设国家铁路网络和网络相关的基础设施建设。铁路管理局负责管理建设以及维护铁路网络和基础设施。NS 和其他的交通公司负责运营铁路服务（它们拥有绝对的运营权。但是荷兰国家政府不会给铁路服务运营商提供任何经济补贴，并且铁路运营商每年需向 IenM 缴纳一定的费用，这也刺激铁路运营商不断提高服务质量来获取经济效益）。当地政府负责该城市区域内的公共交通规划和建设。

荷兰高铁站点地区的建设与发展主要涉及当地政府、铁路管理局和 NS，当然也会有其他一些政府部门的参与，例如基础设施和环境管理部门、省级政府机构等，但一般这些部门起着附属作用。总的来说，这三个利益主体是最主要的，其中当地政府和荷兰铁路管理局属于政府性主体，荷兰交通公司（NS）属于市场性主体。而荷兰的社会性主体无法直接参与站点地区建设发展，通常通过一些社会性组织表达诉求。

1）兰斯塔德的政府性主体

（1）兰斯塔德政府性主体的需求

迄今为止，荷兰政府共提出两轮"关键工程"项目，关键工程主要就是准高铁站点和未来可能的高铁站点及其周边区域的规划发展。第一轮的提出是在 20 世纪 90 年代初期,第二轮的提出是在 2000 年左右。之所以会提出第二轮"关键工程"规划,主要是荷兰政府性主体希望借助与新的欧洲高铁网络相连,能够为车站周边区域的城市发展带来新的发展机会[19]。根据国家政府的规划目标,关键工程规划中包括六个项目,除了阿姆斯特丹南站较为特殊,位于城市边缘位置,其他车站都位于市中心,是旧车站的升级改造。这六大项目主要致力于从几个方面来提高和改善荷兰的空间结构和经济结构,分别是带来更多的就业岗位、完善交通网络、推动城市土地的高效利用、提高城市区域的社会—经济活力[20]。

阿姆斯特丹中央车站:从交通功能上来说,阿姆斯特丹中央车站是荷兰重要的交通枢纽之一,负责荷兰境内主要城际列车的始发和中转,以及连接法国、德国和比利时的国际列车。同时中央车站也是阿姆斯特丹城市内部的交通枢纽。从城市功能上来说,阿姆斯特丹中央车站位于旧城中心的位置,始建于 1889 年,从某种程度上来说,过去中央车站一直都是带动城市发展的重要节点,而如今,阿姆斯特丹的"马蹄形"旧城也是世界文化遗产之一,是重要的旅游景点。中央车站大大地提高了城市中心的可达性,带来更多的客流,提升城市活力。

阿姆斯特丹南站:从交通功能上来说,阿姆斯特丹南站已逐渐替代中央车站负责阿姆斯特丹与荷兰北部和西部城市直接连接的铁路,是荷兰高铁南线的重要经停站,负责连接比利时和法国的高铁。从城市内部来说,自 2006 年车站扩大重建之后,南站将成为服务阿姆斯特丹南部区域的重要公共交通和铁路枢纽。从城市功能上来说,阿姆斯特丹南站将不断提高周边区域及荷兰世界贸易中心的竞争力和空间形象。

鹿特丹中央车站:从交通功能上来说,鹿特丹中央车站已成为兰斯塔德南部区域重要的交通枢纽站。该站初建于 1908 年,但后期由于不能满足旅客需求,于 2007 年建设新的车站,2013 年年初投入使用。新的车站不但成为城市内部公共交通的枢纽,还成为连接阿姆斯特丹及比利时、法国等国家的高铁车站。从城市功能上来说,过去的中央车站已经发挥了带动周边区域发展的作用。但是新建的高铁车站,除了进一步带动周边区域的不断发展,也将提升周边商业区的空间竞争力。

乌特勒支中央车站:从交通功能上来说,该车站为荷兰—德国高铁线路的重要经停站,该车站建于 20 世纪 60 年代,是荷兰交通网络重要的节点之一,经过升级改造后作为乌特勒支公共交通的枢纽站。从城市功能来说,乌特勒支车站内部就有购物中心、办公场所和其他设施。该站的更新工程同其他车站一样,争取为旧城提供更多的城市活力。

海牙中央车站:从交通功能上来说,海牙中央车站是关键工程中唯一的高铁终点站,车站的升级更新进一步提升了车站的城市中心交通枢纽服务。从城市功能上来说,车站的更新工程也是海牙内城区域重新发展的一部分。政府性主体期望借助车站的升级,提高车站区域的空间质量,增加城市活力。

布雷达中央车站:从交通功能上来说,布雷达中央车站除了作为城市内部的公共交通枢纽,还作为阿姆斯特丹—鹿特丹—安特卫普路线的经停高铁站点,将原来的行程时间缩短一半。从城市功能上来说,该站不仅仅是高铁站点,同时也成为一个功能全面的"交通城市",即除了各种交通方式都会在此汇合外,车站附近也包括商业区、办公区和130个住宅区。同时车站周边区域还有更大的开发规划。

(2) 采取措施

兰斯塔德地区高铁站点的建设与发展过程中,主要涉及的政府性主体是当地政府和荷兰铁路管理局,它们也具有不同的分工,扮演不同的角色。荷兰的铁路管理局主要负责高铁站点的建设或更新,铁路管理局是所有铁路相关基础设施的所有者,包括站内的电梯、紧急通道、车站大厅等。在高铁站点的1 km范围内,任何的建设都必须经过荷兰铁路管理局的同意,以确保开发的项目不会挡住铁路或者影响车站的可视性。当地政府主要负责起草站点周边的土地、相连的公共交通服务等规划方案。但是为了使得车站建设的利益最大化,最重要的原则还是政府性主体、市场性主体和相关社会性主体共同协商来实现高铁站点周围基础设施的建设和周边城市区域的更新。当地政府通常是高铁站点地区建设项目的推动者,当然政府在推出这个建设项目的时候需要站点周边区域各个相关的不同利益主体的支持,例如发展商、投资商和个人等,因为这些主体往往都是高铁站点所在地或站点周围土地的所有者。

政府性主体通常扮演着管理者和投资者两种角色。一方面,政府性主体有行政和法律上的义务来起草高铁站点的建设和周边地区发展的规划文本,并制定相应的规则来规范其他参与的空间利益主体;另一方面,政府性主体需要保证公共空间的城市质量,因此政府性主体也会投资建设高铁站点周边的公共空间。但政府性主体并不是主导角色,并且对于荷兰的政府性主体来说,对于高铁的建设也持有不同的看法。除了认为高铁对城市发展具有重要推动作用的观点外,有些观点认为荷兰是一个领土面积较小且高度城市化的国家,土壤属性也并不太适合速度过快的铁路交通,高铁缩短的时空距离在荷兰境内体现得并不明显,而建设高铁是一种高成本的投入,高铁线路规划值得商榷[21]。也有人认为高铁的引入对于荷兰的城市发展来说,更多的仅仅是提高城市的国际竞争力,保持兰斯塔德在区域中的发展地位,与欧洲其他国家的大都市区保持一致的标准,在城市区域现有程度上提升周边区域的发展。可以发现,对于荷兰来说,高铁的建设并不是势在必行的规划方案,正是由于政府性主体内部意见的不一致,以及其他利益主体的观望态度,使得荷兰的高铁规划迟迟未得以实现,从20世纪90年代初期提出规划到现在为止,高铁线路规划仍然没有全部实现。

① 高铁线网的布局

在20世纪90年代初期,荷兰国家政府机构就首次提出"关键工程"规划项目,主要是关于提议的高铁站点以及未来可能的高铁站点及其周边区域的规划。与此同时,也提出了荷兰境内两条高铁线路的规划,一条是连接阿姆斯特丹到比利时的南线工程,另一条是连接阿姆斯特丹到德国的东线工程。但是到目前为止,南线工程已建设完毕,而东线高铁工程暂时取消。可以说,从整个西欧来看,荷兰是较晚建设高铁线路加入欧洲高铁网络的国家。

② 高铁站点的建设与发展

正如前面所述,兰斯塔德内的高铁站点建设经历了一个漫长的讨论过程。1997年第一次提出的"关键工程"规划中的高铁站点除阿姆斯特丹南站外,都选择对位于旧城区中心的老火车站进行升级改造,旨在为城市中心区域重新注入活力。但在后面的规划实施中,由于政府性主体内部的不断讨论和犹豫,使得高铁建设项目迟迟不能展开。但是第二轮的关键工程不同于第一次方案,有详细的预算确保规划的实施。第一阶段共投入2 440万欧元来提高站点周边区域的空间质量,第二阶段投入1 020万欧元升级改造车站,使车站建筑及周边区域有质的提升[19]。因此"关键工程"中提及的高铁站点都按照高铁站点标准进行了升级改造。但是由于规划高铁线路的调整,部分车站目前并没有高铁经停,成为伪高铁车站(Pesudo-HST)。虽然到目前为止,只有阿姆斯特丹和鹿特丹是真正意义上的高铁车站,其他车站还不能算是真正意义上的高铁站点,规划的高铁没有如期到来,但是它们的规划、建设和发展都是按照高铁站点的标准进行升级改造的,车站具有良好的衔接公共交通服务,周边区域的城市空间质量也得到了质的提升,为城市注入了新的活力。

综上所述,荷兰高铁的建设,政府性主体起到了引导和管理的作用。在高铁规划与建设的过程中,政府性主体内部的异议和犹豫不决,使得荷兰较晚加入欧洲高铁网络[22]。但是在后期的规划实施中,荷兰政府性主体扮演引导管理的角色,与其他利益主体采取合作方式,在原有的城市基础上更新高铁站点周边地区,使得高铁站点周边区域城市空间质量得到升级。

2) 兰斯塔德的市场性主体

在荷兰高铁站点建设与发展过程中,市场性主体具有很大的话语权,主要的市场性主体包括NS(半私有半国有性质的市场性主体)以及站点周边土地的开发商。市场性主体往往是以追求经济利润为准则。NS主要涉及高铁站点周围土地的开发,根据具体的站点情况和市场需求,对高铁站点周围进行规划建设。具体开发项目以及规模根据该站点的平均使用人数来进行匹配发展,以保证经济利益。多数时候NS会在站点周围开发商场、餐馆以及酒店等项目,但有时候也会根据市场需求开发房地产项目。同时,NS也负责高铁站点的管理和维护,以及相应的中转空间的维护等,这些相关的交通公共设施虽然所有权归属于铁路管理局,但是后期的清理与维护是由NS负责,这些要素本身也是保证和提高服务质量的重要基础设施。

荷兰铁路公司在荷兰拥有绝对的铁路运营权和站点周围的开发权,其业务主要分为两大部分,即乘客服务部分和发展管理部分。NS-Poort主要负责站点周围交通枢纽的发展和管理,也就是在高铁站点的建设及其周边发展过程中,荷兰铁路/车站建设发展公司(NS-Poort/NS-Stations)可以说是主要参与的市场性主体,其实力雄厚,车站的开发经验丰富。车站建设分公司主营四个方面业务,依次是商业管理、房地产发展、零售业发展和管理业务,每一项业务都有专门的下属机构分担。商业管理主要负责车站附近(车站核心区范围内)所拥有土地和建筑的开发管理;房地产发展主要负责车站周边(车站辐射区)所拥有土地和建筑的开发管理;零售业发展主要负责经济活动的展开,例如商店、超市等;管理业务主要负责车站相关行政事务等。在荷兰,NS拥有大约4 500 hm^{2}的土地、350个车站和450个具有不同功能的建筑,而车站建设分公司主要就是负责这些区域和项目的开发管理。在具体的项目开发中,并不是所有的土地都具有发展潜力的。在追求利润的原则下,荷兰铁路往往将拥有的土地分类,集中开发那些靠近车站的有开发潜力的土地,会根据具体的车站规模和具体城市背景进行分析,确定开发范围。可以说,NS-Station是专业开发站点周围土地的市场性主体,它只开发站点直接影响到的区域。

对于NS来说,它们的主要目标是通过充满活力和吸引力的车站为更多的乘客提供安全、准时、舒适的服务。而车站建设发展公司的主要任务是建设充满活力的车站,正如公司内部人士所说:"我们想要建设和发展充满活力并舒适的车站区域,在这个区域里可以工作、休闲和居住,这样我们的顾客就愿意使用我们的交通服务和商业服务,并愿意在站点周围投资他们的事业。我们在站点发展中的角色,以及我们与乘客服务部门的组合关系,将帮助我们完成这样的目标。"NS在2007年提出的2007—2020年的发展规划中在三个方面采取措施:一是"加速"政策,即为了缩短行程提高平均时速或缩短等待时间。二是提供更舒适的环境,包括舒适的站点环境和舒适的列车环境。三是通过开发站点周围的办公楼和住宅来增加聚集的客流量。

可以说,在兰斯塔德的高铁站点建设发展过程中,市场性主体具有很大的影响作用。无论是鹿特丹中央车站还是阿姆斯特丹南站地区的发展,车站以及相应的交通基础设施是由政府性主体负责,但是站点周边区域的发展则主要受市场性主体的决策和影响。站点周边最直接的核心区域由NS相关公司进行开发,参与的市场性主体NS既负责提供交通服务,又负责开发站点周围区域。NS将两方面的车站业务相辅相成地建设开发,以提高区域交通可达性来增加土地开发价值,又以多样性的土地开发吸引更多人群在此集聚,保证客流量。市场性主体这样系统组合地建设高铁站点,开发周边区域,不但能够保证铁路交通的优质服务,也使得高铁站点与周围区域的发展联系更紧密。为了追求经济利益的最大化,NS会兼顾站点的交通功能以及城市带动功能的发展。除了NS外,还有其他相关的市场性主体也会参与站点地区的发展,如在南站地区的发展就建立了一种以经济效益为主的"土地银行",所有相关的市场性主体都有参与,这个机构通过长期出租土地获得经济利益。可以利用这些经济收入发展如公园或者公共空间等无法立即产生经济效益但却对城市空间质量极其有利的土地类型。该机构也可以开发建设地下基础设施,这样就可以获得相应的地上土地开发权。通常情况下,兰斯塔德的市场性主体看重站点地区的一种长期经济效益,它们也十分在意站点地区好的空间质量,因为可以提高土地竞争力。因此从长期的经济效益考虑,对这片区域的期望效益越高,它们也就会越多地投入建设。在这样的互利分担机制下,兰斯塔德相关的市场性主体拥有着开发高铁站点周边地区土地并发展成高端城市空间的热情与责任。

3) 兰斯塔德的社会性主体

在荷兰高铁建设发展过程中,社会性主体不直接参与高铁站点地区的建设发展。但是荷兰的社会性主体不同于中国的社会性主体,它们往往通过其他参与形式和途径表达意见,对站点地区的发展产生可能的间接影响。在兰斯塔德高铁项目发展初期,政府性主体会举行多次听证会,听取相关群众和公共组织的建议,公民通过投票在一定程度上影响项目实施的可行性。正如荷兰阿姆斯特丹大学斯坦·梅杰(Stan Majoor)教授所说,在荷兰任何政策、项目的实施都需要向公众公开,争取公众的意见,得到公众的认可,不能进行任何所谓的"秘密项目"。这就使得兰斯塔德的社会性主体对于高铁站点地区的发展项目具有表达意见的权利,并且当对某一项目有反对意见时,荷兰各种社会性主体就会集合成团体,共同表达意见。例如在荷兰阿姆斯特丹南站(Zuid)工程中,各种相关的社会性主体就组成了针对Zuid区域的公共委员会来表达社会性主体的各种意见。这些社会性主体虽然没有直接参与站点周边地区的建设中,但是这种具有规模的团体性表达仍然或多或少地影响着高铁站点地区的发展。

通过对荷兰政府规划咨询研究人员大卫·埃弗斯(David Evers)的访谈,笔者了解到,荷兰的高铁运行并不顺利。一方面,荷兰采用意大利生产的菲拉(Fyra)系列高铁列车,Fyra系列高铁列车口碑不好,总是出现技术问题,存在安全隐患,周边国家如比利时和德国的铁路轨道都不能与荷兰的Fyra系列高铁接轨,使得荷兰高铁的运行陷入了困境。另一方面,由于Fyra系列高铁列车的晚点率较高,虽然它的速度比普通列车快,但是经常晚点半个小时以上,同时如果对于使用交通卡的乘客来说,需要另外补充购买额外的一张车票,这大大增加了流动时间。正如大卫·埃弗斯所说:"人们宁愿乘坐普通火车,也不愿在车站中跑来跑去购买额外车票,然后发现Fyra系列高铁列车晚点,不得不等待半个小时以上;而若是乘坐普通火车很可能已经到达目的地了。"在这样的背景下,对于兰斯塔德的社会性主体来说,高铁作为一种荷兰内部城际交通方式并不是他们最佳的选择,这就使得兰斯塔德的城际高铁上座率极低。在购票不便和列车运行晚点率较高的背景下,荷兰的高铁在欧洲高铁网络市场还无法占据一席之地。同时兰斯塔德地区乘客对荷兰的城际高铁的认同度较低,荷兰高铁还无法成为主流的城际交通方式。兰斯塔德区域的高铁乘客不同于中国的高铁乘客,还无法实现从"量变到质变"的影响变化。

6.2.3 天津和兰斯塔德的空间利益主体表现对比

通过前面的分析可以发现,在高铁站点及其周边区域建设和发展的过程中,天津和兰斯塔德的政府性主体、市场性主体和社会性主体分别以不同的形式参与其中,扮演着不同的角色,以不同的合作方式影响着高铁站点及其周边区域的发展(表6-9)。在天津,政府性主体主导调控整个过程,市场性主体部分参与,而社会性主体被动参与。这种政府调控模式虽然在一定程度上保证了政策的执行力,但是减弱了市场性主体的参与积极性,在那些政府性主体不能完全调控的地方(如高铁站点周边区域发展,需要满足市场需求,才能有积极的效果),容易出现发展不协调,使得高铁站

表6-9 天津和兰斯塔德不同利益主体参与对比

主体	天津				兰斯塔德			
	态度	角色	需求	作用	态度	角色	需求	作用
政府性主体	果断认同,积极推进	主导	交通枢纽,新的城市中心	交通基础设施建设,周边区域一级开发	认同积极效应,内部存在不同意见,长时间讨论,规划执行不力	引导和管理	提升城市竞争力,增加城市活力	交通基础设施建设
市场性主体	认同部分作用,无法直接参与,积极性低	部分参与	经济回报	没有直接参与,但用投资行为影响车站周边的发展	认同作用,经济利益息息相关,开发积极性大	参与	好的城市空间质量,交通可达性,经济回报	开发周边土地,提高城市空间质量
社会性主体	目前对于高铁站点更多的是交通功能	被动参与	交通便利,经济实惠	很小	通过不同社会组织表达意见	部分参与	好的空间质量,交通便利	在一定程度上影响决策
合作模式	政府调控模式				平衡发展模式			
缺点	发展过于主观,易于形成"孤岛型"高铁站点				讨论过程冗长,执行不力,易于形成伪高铁站点			
优点	政策执行一致				车站周边区域发展符合市场性需求,城市空间质量高			

点成为虽然有高铁的经停,但是周边区域的空间质量却未能协调发展的"孤岛型"高铁站点。在兰斯塔德,政府性主体与市场性主体共同配合,以协调合作的模式共同建设发展高铁站点及其周边地区,政府性主体与市场性主体各有分工,责任明确。高铁站点周边区域的发展由市场性主体负责,社会性主体以不同社会组织的形式表达意见。在不同空间利益主体的参与下,兰斯塔德车站周边区域的发展较容易取得成功。但是参与的主体越多,利益诉求就可能越多样,同时政府性主体内部意见分歧,加上没有果断的决策者,在兰斯塔德的高铁发展过程中,规划实现周期过长,政策执行不力,最终形成了拥有好的站点周边空间质量却没有高铁经停的伪高铁站点。

6.3 高铁站点发展模式对比研究

正如前面所述,高铁站点及其周边区域的发展是一个极其复杂的过程,涉及众多的发展要素和利益主体。贝尔托里尼曾把影响高铁站点发展的要素分为四类,依次为技术因素、制度因素、政策因素和需求因素。在高铁与城市空间相互作用的过程中,由于城市本身基础条件不同和不同利益主体的参与,车站的节点质量和场所质量向着不同的方向发展,产生不同类型的高铁站点。为了具体分析并解释产生不同类型高铁站点的主要原因,本书选取了具有相似城市空间物理背景的城市区域(天津和兰斯塔德)进行对比。在天津,选取天津西站和滨海站,在兰斯塔德选取阿姆斯特丹南站和鹿特丹中央车站。这样选择的原因如下:到2020年,天津将有专用及混用高铁站点8个,其中有4个主要火车站和4个辅助火车站。天津西站和滨海站是天津重要的高铁专用新站。天津西站周边规划发展成为城市副中心,而滨海站将服务于于家堡国际金融中心。2011年下半年天津西站已投入使用,滨海站于2014年年底投入使用。其余车站还在规划建设中或车站属于混用型车站。因此,根据车站的建成阶段和典型性,笔者选取天津西站和滨海站作为分析案例。在兰斯塔德,根据荷兰"新关键工程"(New Key Project),该区域将有高铁站点6个,其中已经升级完毕并且较为典型的就是阿姆斯特丹南站和鹿特丹中央车站。因此本书分别在这两个都市区中各选取两个高铁站点进行对比。为了分析高铁站点的发展特点以及车站周围区域的发展方向和车站功能,基于陀螺概念分析模型,笔者将从车站发展的节点质量、场所质量以及发展类型对高铁站点的建设和发展进行详细分析对比。

6.3.1 天津高铁站点地区的发展

1) 天津西站的发展
(1) 天津西站的位置
天津西站是天津最大的交通枢纽,位于天津中心六区中的红桥区(图

6-4)。相比其他的中心城区,红桥区的发展较为落后,缺乏经济增长极来带动红桥区的经济发展。天津西站地区将发展成为天津重要的经济副中心。从天津经济区的发展来看,天津西站位于天津主要经济发展区域的边缘,属于郊区位置,但在未来的发展规划中,天津西站周围地区将成为重要的新兴经济区域。

图 6-4 天津西站的位置

(2) 天津西站的节点质量

天津西站交通枢纽地上 2 层、地下 3 层。地面层主要为站房进站候车及相应配套服务、办公设施,地下一层主要为铁路出站厅、换乘厅及车库、停车场,地下 2 层、3 层是地铁 4 号线、6 号线站台层[23]。天津西站采用上进下出的进出站客流模式。

① 外向交通质量

天津西站距离首都北京约 120 km,是北京到上海高铁线路的重要经停站,也是天津到上海的始发站。同时若干条城际高铁线路也在此经停,如津保线和津浦线,此为高铁专用车站。为了充分利用高铁带给城市的发展机会,天津西站经历了迄今以来最大的建设工程,成为集城际高铁、高铁、地铁、公交车和长途汽车于一体的天津最重要的交通枢纽之一。天津西站不但是天津与外界城市联络的重要节点之一,同时也是连接天津西站地区南北两片区域的重要桥梁,整合了天津西站周边区域的城市空间。

② 内向交通质量

天津西站占地 680 万 m²,是天津最现代化的交通枢纽。它共有 24 个平台,连接市内地铁线路。城市区域内的高铁线路将天津北部的老城区同南部新城区连接。车站周边的公共交通发达,拥有 3 条轨道线路,在西站地区城市副中心形成重要的轨道换乘枢纽,为西站向城市各个方向的客流集散提供了大运量的、快捷的公共交通工具(图 6-5)。超过 30 条公交线路在此汇聚,高铁、长途大巴、公交车、地铁和出租车在此无缝换乘。另外依托西站地区城市副中心天然的河道景观以及规划的绿色廊道,将西站南北广场、绿色廊道、河岸通过步行道连接起来,通过构建步行绿色廊道、二层步行平台、广场、地下通道等设施,构筑西站地区城市副中心连续、无障碍的步行交通系统。天津西站实现了不同交通方式的无缝换乘。

图 6-5　天津西站公交和行人可达性

③ 天津西站地区的场所质量

天津西站地区的发展定位是作为交通枢纽引擎,带动周边区域发展,使天津西站地区成为具有水岸特色和天津风情的现代商务商业及生态中心。基于此,天津市政府制定了新的西站周边更新规划,发展新的高端商务、金融的城市综合功能体。整个大西站地区总开发面积为 1 500 万 m^2,共包括五个功能板块(图 6-6),依次为西站枢纽板块、枢纽商业板块、西站生活板块、核心板块、商务娱乐板块。其中枢纽商业板块和核心板块为西站的直接辐射区域,也是本书的主要研究对象。枢纽板块主要是以站前商业、商住和少量都市产业为主,核心板块以金融、商务办公、商务和商住等现代服务业为主。

天津西站站点周边所有的旧建筑物全部拆除,车站周边区域从"零"开始建设。天津西站建筑本身首先成为该区域的地标建筑,由天津市政府聘请欧洲著名的建筑设计公司(Gerkan, Marg and Partners Architects)设计建造。西站建筑极其宏伟,利用一个 57 m 高、400 m 长的天桥将车站北面的商业区同车站南面的旧城区相连(南面旧城区目前已全部拆迁,将规划成为新的商业区)。车站曲面的屋顶是西站重要的特色标志,其拱形屋顶也是可持续的太阳能环保设计。进入车站,旅客们会进入一个宽阔干净的空间,车站采取"上进下出"模式,车站最上层是候车区域,下面两层是火车和地铁的出发层。车站内有各种电子屏幕用于显示列车信息,方便乘客及时了解交通信息。

车站外部区域是全新的规划,旧的城市景观重新发展或重建。目前南广场与北广场正在不断建设完善中,根据规划,南广场将主要由广场、景观公园和特别商业区组成。广场的设计基于天津传统文化。景观公园则由多种乔木组成。特别商业区主要由零售市场、饭店、大型购物商场、宾馆等组成(图6-7)。北广场主要是停车场、休闲广场、公交终点站、出租车停车

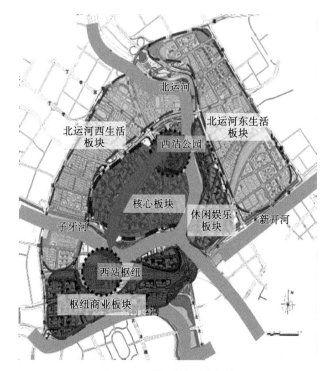

图6-6 天津西站五大板块

图6-7 天津西站场所质量发展

场等。天津西站周边区域场所质量的发展规划强调高密度、高质量地发展新的商业服务业,期待获得最大的经济效益。但是目前西站周边还在不断的升级建设中,并且由于政府性主体与当地原住户协调的缘故,南北广场还没有完全开发建设(图 6-7、图 6-8)。南广场附近虽有一些宾馆,但整体来说,西站周边场所质量的发展仍不尽如人意,还处于待开发状态。

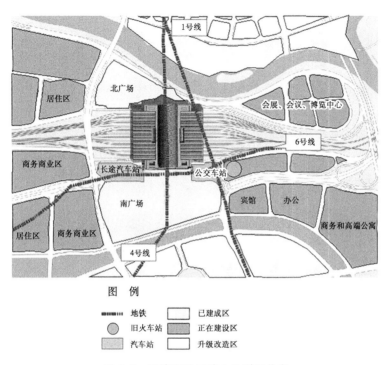

图 6-8　天津西站区域土地利用分类

④ 天津西站的发展类型

基于前面的分析,笔者认为天津西站目前属于交通引导型高铁站点,节点质量发展要快于场所质量的发展。这一方面是由于天津西站是基于过去的铁路线路基础进行新建和升级的;另一方面交通建设完全由政府型主体决定,目标利益一致,这也加快了节点质量的发展。而对于场所质量来说,西站周围的发展全部新建,基本从零开始,并且涉及不同的利益主体,需要不断地协调,这需要更多的时间来发展场所质量。因此,现在来看,西站的节点质量优于场所质量。在未来的发展中,相关的利益主体需要不断协调各方利益,尤其是政府型主体,应引导西站区域平衡发展,使西站成为平衡发展型高铁站点,发挥高铁站点的最大效应。

2) 滨海站的发展

(1) 滨海站的位置

滨海站位于于家堡国际金融中心,是滨海新区的中心区域(图 6-9)。滨海新区是天津的第二经济增长极,集港口、经济技术开发区、高新技术产业区、出口区和自由贸易区于一体。滨海新区是中国参与经济全球化的重

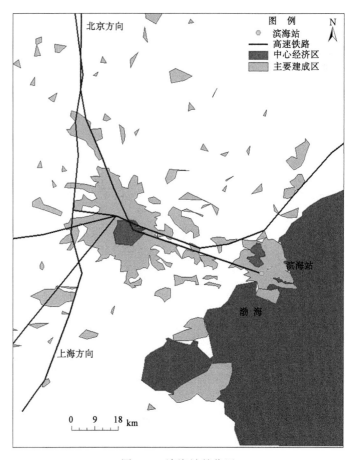

图 6-9 滨海站的位置

要窗口之一。同时,滨海站不但是天津重要的高铁站点,也是滨海新区连接天津市中心区和北京的重要交通节点。滨海站位于滨海新区的郊区,是一片全新开辟的土地,周围是于家堡国际金融中心。

(2) 滨海站的节点质量

滨海站位于于家堡国际金融中心的北部,车站以及周边区域都是从 2009 年开始规划新建的。车站于 2014 年年底开放使用,而金融中心目前具有初步规模。于家堡交通枢纽工程主要包括京津城际铁路延长线于家堡车站工程和配套市政公用工程。作为全地下站,深入地下 30 m,分为三层。除设有铁路线外,B2、Z1、Z4 三条地铁线也将在这里交汇。其中地下一层为城际铁路和轨道交通 B2、Z1、Z4 线的站厅层。Z4 线是从北塘到南港工业区的南北向轨道交通动脉,是连接塘汉大的市域轨道线。B2 线是由临港开发区经于家堡、塘沽至滨海站的地铁专线。这两个滨海地铁线的于家堡站站台将与京津城际高铁平行。Z1 线近期规划为市区文化中心至东海路,是连接滨海新区与市区的又一通道。

地下二层为城际列车和轨道交通 B2、Z4 线站台以及拥有 500 余个车位的社会车辆停车场。地下三层为 Z1 线站台。建成后,于家堡到北京只需要不到1个小时,相比过去2个小时的行程大大缩短了。与其他高铁站点相比,滨海站较为特殊,它是一种短距离的高铁站点。滨海站是连接天津市中心区和北京的重要交通枢纽。

(3) 滨海站点的场所质量

于家堡国际金融中心位于滨海新区中心商务区的核心区,东、西、南三面环水,占地面积为386万 m^2,规划120个地块,总建筑面积为950万 m^2,计划建设成为世界上最大的金融区。根据规划,滨海站与其他车站不同,该车站主要是地下车站,地面主要是一个贝壳形状的玻璃顶。它位于新建的于家堡经济区北部的紫云公园之中,乘客们需要从紫云公园中或公园外转换其他交通方式到达最终目的地,从Schutz的三圈层理论来说,在某种程度上滨海车站的直接辐射区域就是紫云公园。滨海站的特殊之处还在于,它是周边区域发展同车站建设共同进行。车站在新建的同时,周边区域也在不断新建(图6-10)。根据规划,车站建筑本身的发展分为两个阶段,于2014年年底车站投入使用,完成了地下2层和地上1层,拥有3个站台和6条轨道。目前于家堡国际金融中心的初步发展区已建成并投入使用。初步发展区占地约101万 m^2,建筑面积约304万 m^2,包括车站、酒店、会议中心、行政中心、沿河公园、中央大道和一些办公区域。未来,车站将随着周边区域的发展不断升级。根据于家堡国际金融中心规划,该站将成为于家堡国际金融中心的重要交通节点。整个于家堡国际金融中心将以发展高端金融、高端商业服务业为主,被定位为天津最重要的国际金融商务区。

图6-10 滨海站地区场所质量现状

(4) 滨海站的发展类型

根据前面滨海站的节点质量和场所质量分析,可以发现,滨海站是自组织发展型高铁站点,处于节点质量与场所质量的发展初期。2014年车站已开通运行,周边的初步发展区也投入使用。车站与金融中心相互支持发展,不断促进升级。在发展过程中,这种类型的车站可能会有不同方向的发展。相关的利益主体具有重要的影响作用,如果城市利益主体能够兼顾节点质量和场所质量,车站将发展为平衡型高铁站点,也就是随着金融中心的发展,车站升级成为一个真正的交通枢纽。若过分偏重某一种质量的发展,很可能使得车站成为不平衡发展类型车站。

6.3.2 兰斯塔德高铁站点地区的发展

1) 阿姆斯特丹南站的发展

(1) 阿姆斯特丹南站的位置

阿姆斯特丹南站位于阿姆斯特丹南轴地区(图6-11),该区域以世界交易中心而闻名。南轴区(Zuidas)也是以火车站的名字南站(Zuid Station)进行命名的,是距离高铁站点最近的区域。南轴区位于老城区的南部,是新发展的城市优良区域。该区域提供了良好的居住环境,并且分布着大量的宾馆和休闲娱乐设施,也吸引了大量商业在此聚集。

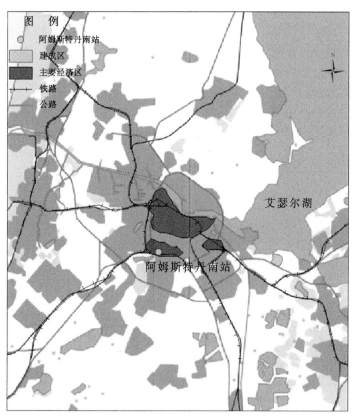

图6-11 阿姆斯特丹南站的位置

(2) 阿姆斯特丹南站的节点质量

阿姆斯特丹南站在2006年扩建,逐步发展成为荷兰的高铁站点之一,并不断扮演着越来越重要的枢纽角色。按照规划,南站将提供与阿姆斯特丹机场、荷兰北部和欧洲东部国家的高铁连接服务,车站周边区域的可达性也将大大提高。到目前为止,阿姆斯特丹的两条地铁线和轻轨5号线都在南站经停,若干条线路的公交车也在此经停,并且新建的南北地铁线路也在建设中[24]。南站的私家车可进入性较好,快速干道A10横穿整个南站区域。同时自行车也是重要的交通换乘方式之一,在南站出口周边提供了自行车停车场。而对于步行的乘客而言,一走出车站就直接进入了商业商务功能区[25]。可见南站地区的公共交通十分发达,可达性较高。目前的南站具有较好的内部公共交通衔接,但是就外向交通的角度而言,它只是若干城际铁路的经停车站而已,距离成为交通枢纽的目标还有一段距离。这主要是因为阿姆斯特丹南站虽然以高铁站点的发展目标进行扩建,但在后期的实行过程中,不同利益主体对高铁经停线路存在不同的意见。部分市场性主体认为,高铁线路应该经停南站,并且南站的位置也利于缩短高铁的行程时间。但是阿姆斯特丹作为一个旅游城市,从旅游者的角度考虑,部分政府性主体更希望高铁在中央车站停靠,这样可以更方便地到达目的地。从历史的角度来说,阿姆斯特丹南站地区成为新的经济中心的重要原因就是南站区域较好的公共交通条件,即靠近史基浦机场和老城区。但是在后续的发展规划中,一方面空间利益主体间的意见不一致,另一方面政府性主体由于担心经济利润风险,在犹豫是否投入交通基础设施建设,使得很多公共设施的发展与城市区域的发展脱节。不同利益主体的不同意见和政府性主体的犹豫不决,使得阿姆斯特丹南站成了城市内部交通质量较好,但是外向交通(城际以及国际的交通)连接需要进一步提高的伪高铁站点。

(3)阿姆斯特丹南站的场所质量

阿姆斯特丹南站位于城市南部的高端商务区,是阿姆斯特丹最大的城市发展工程。南站工程开始于20世纪90年代中期[26],当时阿姆斯特丹的政府性主体打算发展另一片区域,但是市场性主体更倾向于选择南站地区,多家大型的企业都已在南站地区有所发展,当大型商业银行ABN和ING也都选择落户南站地区时,政府性主体不得不依据市场性主体的发展需求,改变发展策略,将南轴地区定为新经济中心来发展。而高铁的引入和南站的新建都是进一步提升该区域空间质量和交通可达性的重要规划。

根据最初的规划,阿姆斯特丹南站区域主要是商务办公用地。但是为了提高该区域的活力,相关的利益主体提出了多样化发展规划,意在将南站区域发展成为集住宅、办公、商场为一体的多功能城市区域。经过多年发展,南轴区域已经成了商业办公的首选区域。南站位于快速干道A10下方,直接连接着南轴广场(Zuidplein)和马赫广场(Mahlerplein)(图6-12)。基本上所有的土地开发项目都是沿着快速干道A10两边进行,南轴广场是北广场,马赫广场是南广场。多数的商业建筑和餐饮娱乐都集中在马赫广场,而主要的公共交通设施都集中在南轴广场。南站建筑本身虽然不是宏伟的地标式建筑,也没有宽阔的广场,整个车站位于A10干道下方,一走出车站,就直接进入城市功能区;但是如果以南站(Zuid Station)为圆心,100 m为半径,距离车站最近的区域土地利用率较高,并且土地多样开发,经济活动丰富。乘客走出车站直接进入商务商业功能区,实现了步行可达。车站南面的马赫广场上分布着若干个造型特别的建筑,它们分别属于不同的商业公司,例如谷歌(Google)、亚马逊和 ABN 银行等。商业、咖啡馆、商店、酒店等主要分布在与马赫广场连接的麦哈瑞恩街(Gustv Mahllerlaan Street)上。在车站北面,坐落着世界贸易中心 A 楼和 B 楼。世界贸易中心是一个综合的商业大楼,是包括办公场所、超市、餐饮和娱乐设施等的综合性大厦(图 6-13、图 6-14)。

总之,目前南站周围土地开发丰富而多样,利用率很高。除了办公区域外,也为各种补充型城市功能留有空间,发展了宾馆和餐饮娱乐等项目。南轴区(Zuidas)作为高端商业区的中心已经建立,但是如果谈到该区域与周边区域的互动和合作,则并不是很好。南轴区在一定程度上更像是"飞地",尤其在周末,该区域更像"空城",人烟稀少。南站区域虽然土地利用

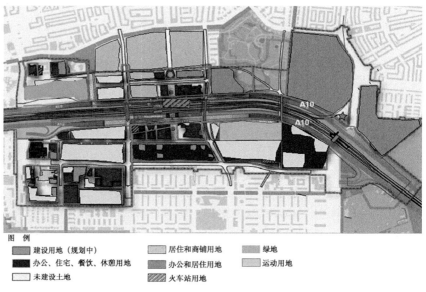

图 6-12 南站地区土地利用分类现状

图 6-13 阿姆斯特丹南站南轴广场

图 6-14 阿姆斯特丹南站马赫广场

程度较高,功能多样,但在与周边城市区域整合方面仍然存在一定程度的功能分离。在未来,对于南轴区域来说,最大的挑战就是需要继续调整土地利用结构,建立与周边区域的连接,使车站区域与周边区域更好地整合发展,成为不可分割的整体,进一步提高车站区域活力。

(4) 阿姆斯特丹南站的发展类型

相比场所质量的发展,南站的节点质量仍需要进一步提高。目前为止南站只是扮演着一个交通连接器的功能,公共交通相对完善。但对于大多数人而言,阿姆斯特丹的南轴地区已经成为城市副中心的最佳区位,作为一个高铁站点,南站还远不能起到交通枢纽的作用,因此目前的南站是交通追随型高铁站点。同时,南站的场所质量也需要进一步调整和协调。在未来的发展中,相关利益主体的关注点应不仅仅集中在提高土地利用密度上,还需要考虑提高土地利用多样性并与周边区域互动结合发展。

2) 鹿特丹中央车站的发展

(1) 鹿特丹中央车站的位置

鹿特丹中央车站位于兰斯塔德的南部(图 6-15)。从小范围来说,它位于鹿特丹的城市中心。该车站是阿姆斯特丹到比利时布鲁塞尔等城市的重要经停站。站点周围区域是已经发展较成熟的鹿特丹老城。

(2) 鹿特丹中央车站的节点质量

鹿特丹中央车站于 1847 年开通,2007 年更新升级,2016 年更新升级工程全面结束。提高车站地区的可达性是鹿特丹中央车站更新工程的核心目标之一,约 6.8 亿欧元被投入到车站地区的重建工程中,目前鹿特丹中央车站已经成为荷兰最重要的交通枢纽之一。从外向交通来说,鹿特丹中央车站汇集若干条高速城际线路,例如阿姆斯特丹到鹿特丹、布雷达到

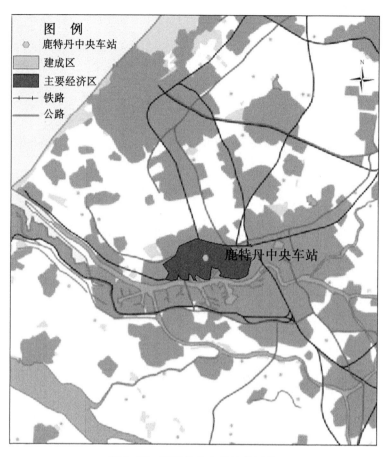

图 6-15 鹿特丹中央车站的区位

鹿特丹、乌特勒支到鹿特丹等等。同时鹿特丹中央车站也是阿姆斯特丹到巴黎和阿姆斯特丹到布鲁塞尔的重要经停车站。鹿特丹中央车站既为荷兰不同城市之间提供城际高速和普通铁路服务,也为兰斯塔德南部区域与国际其他城市提供高铁服务[26]。从内向交通来说,鹿特丹中央车站的城市内公共交通也十分完善。中央车站是地铁 D 线的始发站;除了线路 2,几乎所有的轻轨线路(线路 4、7、8、10、18、20、21、23、25 和 29)都在中央车站经停;中央车站也是重要的公交车终点站以及长途汽车高铁站点。车站本身的建筑设计也考虑到了不同乘客的需求。对于乘客来说,他们有三个垂直但是各自分离的进出路径可选择。第一个就是车站大厅,是乘客的主要进出通道,日常的客流主要从这个通道进出,同时该通道与多种公共交通相连,如城市内部公共交通、城际交通、轻轨等等;第二个就是直接与前后广场相连的通道,一般乘客都是利用即停即走的交通方式;第三个是高铁乘客专用通道,这个通道不但设计独特,还与另一处建筑中的文化娱乐设施相连。这三个通道都可到达火车站台,不同的交通需求可使用不同的通道,大大提高了车站的可通过性。另外在后广场地下将建成 20 m 深、5 层高的拥有 760 个停车位的地下停车场,而在前广场地下将建设能够容纳5 190辆自行车的停车场[27]。对于步行的乘客而言，只要一走出车站就直接进入商业商务功能区，在步行10分钟的可达范围内分布着各种商业商务服务。

(3) 鹿特丹中央车站的场所质量

鹿特丹中央街区是以中央车站命名的，该区域是城市内部发展商业的最好地段之一，部分处于老城区的中心地段，混合着多个跨国的以及当地的经济活动，并且该区域交通可达性极高。2016年鹿特丹中央车站部分区域经过升级建设已全部完工。完工后新的车站将有一个高效组织的站前广场和一个49 m宽的行人通道。站前广场(Stationsplein)将中央车站与鹿特丹城市中心联系起来(图6-16)，这是一个提供给行人休憩的广场，也给骑自行车的人提供了直接进入城市中心的通道，并且给行人提供的林荫大道也是既宁静又舒适，广场两边分布着各式各样的服务商店、咖啡馆等。位于车站南出口的代尔夫特街(Delft Street)是一条分布着多个绿色和公共空间的集饭店、办公和休闲娱乐于一体的综合商业街(图6-17)。车站的北出口广场是普罗特宁广场(Proveninespplein)，这里主要分布着各种公共交通设施，例如出租车停车场、公交车站、临时停车设施和自行车存放点等等(图6-18、图6-19)。同时鹿特丹中央车站的建筑设计也是可持续发展的，车站的屋顶是由10 000 m² 的太阳光板组成的，鹿特丹中央车站是欧洲最大的太阳光板屋顶的车站枢纽[28]。这个建筑本身就成为该区域的标志之一，并与周边区域的城市环境很好地契合在一起，形成完整的各种交通方式集合的高可达性的商业功能区。总的来说，鹿特丹中央车站前广场(车站南面)的土地利用率非常高，商业服务功能丰富，南广场既可供行人休憩，又成为连接周围商业功能区的缓冲平台，使得中央车站很好地融入周边区域，形成了一个功能丰富、充满活力的城市公共空间。

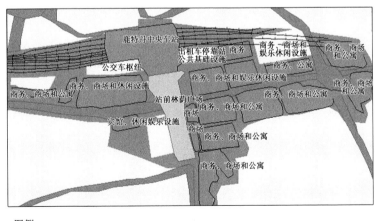

图6-16　鹿特丹中央车站土地利用类型

图 6-17　鹿特丹中央车站前广场

图 6-18　鹿特丹中央车站后广场一

图 6-19　鹿特丹中央车站后广场二

而鹿特丹中央车站的后广场则主要提供自行车和私家车的停车位,保证其他公共交通方式的可进入性,并做到与周边环境相融合。可以说,鹿特丹中央车站区域不但是兰斯塔德重要的交通枢纽之一,也是鹿特丹的商业中心,是一个空间质量极高的城市公共空间。

(4)鹿特丹中央车站的发展类型

鹿特丹中央车站的节点质量发展较好,中央车站既有好的城际高铁连接其他城市,也有好的交通连接其他欧洲国家。它的各种公共交通已做到无缝连接,并且车站的私家车、自行车可达性也很高,即使步行也可以到达城市商业中心。可以说中央车站的交通十分便利,各种交通方式的可达性都很高。车站的场所质量发展也非常好,车站前广场呈现大都市高端商业区的特征,车站南广场与周围环境融洽结合,车站后广场为自行车和私家车提供了可进入性,并且车站北面原本就是19世纪的公园,展现着中央车站贴近自然的一面。基于前面的分析,鹿特丹中央车站的节点质量和场所质量都发展较好,车站的节点质量与场所质量相互促进发展。鹿特丹中央车站既是重要的交通枢纽,又是城市重要的商业商务中心,该车站属于平衡发展型车站。

6.3.3 高铁站点地区发展的相似与不同之处

1)车站的位置

根据目前高铁站点资料的统计,在中国绝大多数高铁站点都位于能够提供大量空闲土地的市郊。观察所有欧洲国家的高铁站点可以发现,欧洲绝大多数高铁站点都位于老城中心。可以说中国与西方国家高铁站点最大的不同就是站点的选址。而天津和兰斯塔德也是同样的情况。天津高铁站点的选址偏向于距离市中心有一定距离的郊区,这样车站周围空闲土地较多,有足够的空间潜力来建设新的设施和吸引新的经济活动。而兰斯塔德则更倾向于选址在城市的中心位置,这样车站周围的公共交通已具有一定的发展基础,并且周围土地已高度开发,土地功能相对丰富多样(表6-10)。

2)高铁站点的属性质量发展

无论是天津的高铁站点还是兰斯塔德的高铁站点,都是从节点质量和场所质量两个方面发展,但是它们的发展质量却有所不同。对于天津来说,高铁站点节点质量的发展是城市交通网络发展的关键性工程,也是一个更新完善城市交通系统重要的机会。天津高铁站点的节点质量发展意味着新的铁路连接、新的公共交通设施、新的城市交通网络。在兰斯塔德,高铁站点节点质量的发展意味着提高城市的外向交通条件,意味着提高铁路系统质量,升级基础设施,强化站点节点效应。而对于场所质量发展来说,天津的高铁站点建筑本身通常被视为城市的门户形象,因此在高铁站点的建设过程中十分注重车站本身的设计,追求宏伟、独特的造型,车站前后宽阔的广场成了一种标志。车站周围区域也进行大力度的土木工程建设，从"零"开始进行规划开发，车站区域建设中并没有过多地考虑与周边区域的融合。而对于兰斯塔德来说，高铁站点建筑设计本身更倾向于贴近周边环境的可持续环保型设计。车站场所质量的发展是基于周围现有的土地开发，车站前广场主要用于行人的休憩和连接周边现有功能区，通过对高铁站点地区的升级改造，进一步提高周边土地利用率，提升城市空间质量（表6-10）。

表6-10 天津和兰斯塔德高铁站点地区发展对比

	发展相同之处	发展不同之处
位置	改变站点周边环境	天津：选择具有足够空间的郊区 兰斯塔德：选择公共交通已经较为完善的城市中心区
车站属性质量发展	车站既发展节点质量又发展场所质量	（1）节点质量 天津：是更新城市交通网络的关键工程 兰斯塔德：进一步提高城市的外向可达性 （2）场所质量 天津：宏伟的地标式建筑，宽阔的广场，周边区域从零开始建设发展 兰斯塔德：可持续的建筑设计，融入周边城市环境，周边区域在一定的发展基础上升级更新
车站发展类型	对城市空间具有催化发展作用	天津：站点地区节点质量的发展快于场所质量的发展，是交通引导城市发展 兰斯塔德：场所质量的发展快于节点质量的发展，城市发展对交通不断产生升级更新需求

3）高铁站点的发展类型

正如前面分析，即使是这些高铁站点都拥有节点质量和场所质量两个属性，它们仍然有不同的属性发展倾向。节点质量和场所质量的不同组合使得高铁站点发展类型有所不同。天津西站是交通引导型，滨海站是自组织发展型。阿姆斯特丹南站是交通追随型，鹿特丹中央车站是平衡成长型。根据天津和荷兰的发展规划，这四个高铁站点未来都将成为重要的交通枢纽站，但在实际的发展过程中，这些高铁站点有了不同的发展特点。在中国，高铁站点的建设与发展主要是政府性主体主导，公众参与极少。在这种空间主体合作方式、车站周围零基础条件下，天津高铁站点的发展通常是节点质量的发展快于场所质量的发展，节点质量也相对较早地产生影响，车站周边区域更多是交通引导着城市发展（Transport Leading Development）。也就是说天津高铁站点的发展更偏向于交通带动型发展，交通带动着土地利用的开发。在兰斯塔德情况正相反，高铁站点的发展建设涉及政府性主体、市场性主体和社会性主体，其中主要负责的是市场性主体，政府性主体则负责规划和协调。市场性主体通常以追求利润为目的，考虑经济效益风险，选择的站点位置往往也是车站周围土地发展较好、有大量人群流动的成熟城市区域，这就使得场所质量往往发展较早，节点质量随着场所质量的需要进一步升级发展(Development Leading Transport)。兰斯塔德的高铁站点地区更偏向于交通整合型,是在原有基础上提高区域交通可达性和土地利用率的整合发展(表6-10)。

6.3.4 原因解析

1) 不同的城市发展模式

城市发展的不同模式产生不同的发展特点(图6-20),对高铁站点地区的发展也产生不同的需求。天津和兰斯塔德具有相似的人口密度和城市结构,但是这两个城市区域有不同的人口增长率,也相应地具有不同的发展政策和发展需求。首先,天津具有较大的人口基数和人口增长率,天津的城市发展政策是扩大城市发展规模,以满足人口增长的需求,使天津发展成为大都市区。而兰斯塔德却具有较低且稳定的人口增长率,人口对城市发展需求有限,采取的是高效紧缩发展城市政策。不同的城市发展模式在一定程度上影响了高铁站点的选址。天津高铁站点选址偏向于郊区,即那些没有开发过的区域,以期能够利用高铁站点带动新的经济区域发展,成为城市的副中心。这些站点周围的土地基本上从零开始,这也是高铁站点的节点质量比场所质量发展快的原因之一。在兰斯塔德,高铁站点的选址则偏重于现有的城市中心区,周围区域已经具有较好的开发基础,高铁站点的建设既满足现有的客流需求,又进一步促进周围区域的发展。但是这也增加了节点质量发展的难度,较为成熟的城市空间往往缺乏足够的空间来发展交通设施。

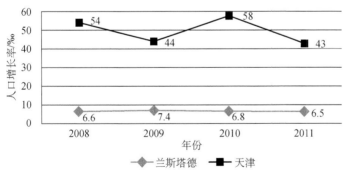

图6-20 天津和兰斯塔德人口增长率对比

2) 城市不同的经济发展阶段

无论是在天津还是在兰斯塔德,高铁总是被视为一种刺激城市发展的催化剂。但是当涉及高铁站点在城市空间中具体的角色和作用时,不同的城市又有所区别。天津和兰斯塔德不同的城市经济发展阶段对高铁站点的发展产生不同的需求。首先天津是中国人均GDP最高的城市,正处于工业化的最后阶段,GDP的主要来源是第二和第三产业,同时天津正积极地进行经济改革和创新。目前快速的经济增长和产业转型为天津城市空间的转型和更新提供了大量机会和挑战。天津产业在不断升级,对城市的交通提出了更快更高的服务要求。因此,天津高铁的发展不仅仅是一种交通方式的引入和交通设施的升级,还是一个更新城市空间结构的关键工程。与天津相比,近些年兰斯塔德的经济增长较为稳定和缓慢。但是兰斯塔德的产业结构优于天津的产业结构。兰斯塔德早已完成了城市化过程,城市的 GDP 产值主要来源于第三产业。与其他欧洲城市相比,该区域的经济增长速度稍低于其他都市区,并且相对缺少创新型经济活动。对于目前的兰斯塔德来说,首要的任务是提高区域竞争力以吸引外来投资,高铁站点的建设和发展,不仅仅缩短了与国际城市的时空距离,也是进一步保持并提高区域竞争力的有利要素。

在城市经济发展的不同需求下,天津高铁站点被视为创造城市新经济区域的关键工程,这也使得天津的高铁站点设置倾向于空闲土地的新建。兰斯塔德高铁站点是保持和进一步提高城市国际竞争力的重要因素,高铁站点倾向于可持续地更新升级旧的车站,保持现有商业中心的竞争力。这些不同的需求使得高铁站点有不同的发展倾向,产生不同的高铁站点类型。

3) 不同的空间利益主体参与

正如前面分析,高铁站点的建设及周边区域的发展涉及城市中不同的利益主体,包括政府性主体、市场性主体和社会性主体。不同的利益主体有不同的利益需求,在对高铁站点的规划与建设中也就有不同的表现行为,并且天津和兰斯塔德的空间利益主体具有不同的合作形式,这些要素影响着高铁站点地区属性质量的发展方向,进而影响着高铁站点地区的发展类型。

天津高铁站点地区的发展是"自上而下"的政府性主体主导的过程。天津高铁的引入和高铁站点地区的建设发展主要是在政府性主体(包括国家政府和地方政府)的主导下进行的。市场性主体或许能够通过市场影响掌握一定的话语权,但社会性主体对高铁站点地区的发展基本上没有规划建设的话语权。中央政府决定在哪些地方建设高铁、在何处设站等问题;地方政府负责高铁站点的建设以及周边区域的发展。市场性主体在车站周边区域发展中有一定的影响,但是站点周围的具体规划还是由政府性主体决定。对于政府性主体来说,其主要利益点是城市的整体良好发展,在高铁站点的建设过程中,既追求能够更新城市交通网络,又追求能够带动城市经济发展。在天津高铁站点地区的发展过程中,相对来讲,节点质量的发展比场所质量的发展可能更简单些。这是因为天津的铁路和公路等交通系统基本属于国有,在政府性主体一致的目标和利益下,高铁站点的节点质量发展目标一致,建设整合较快。但是站点周围场所质量的发展是无法仅仅由政府性主体决定的,土地的开发需要市场性主体的认同和配合。目前在政府性主导的合作制度下,市场性主体没有太多的话语权来直接干预站点周围土地利用规划,但是市场性主体可通过投资倾向间接影响高铁站点周围区域的发展。政府性主体提出的高铁站点地区的规划有时候可能不能满足市场性主体的需求,这样的高铁站点地区就需要更多的时间、更多的协调来促进站点周围地区的发展。

相对于天津的决策过程来讲，兰斯塔德的高铁站点地区建设及发展是"自下而上"的决策过程，也就是高铁站点地区的相关发展更多的是基于市场性主体和社会性主体的需求。兰斯塔德是城市群区域，没有统一的区域级（省级）的政府机构。在高铁站点地区的建设发展中，主要的利益主体是国家及地方政府性主体、市场性主体（铁路公司、投资商等）和相关的社会性主体。荷兰国家政府是高铁线路如何铺设的重要决策者，地方政府是高铁站点更新工程的发起者，但是市场性主体包括铁路运行公司和相关投资商在高铁站点的发展过程中具有重要的影响与作用[29]。并且政府性主体还会多次发起当地居民的听证会，以更好地满足社会性主体的需求。对于当地的居民来说，荷兰的政府性主体和市场性主体有责任和义务征求民意，公开地展示城市发展工程的细节和预算。对于荷兰的社会性主体来说，它们有机会和途径了解和参与站点规划，表达自己对城市工程的意见和想法，能在一定程度上影响相关决策的制定。当地政府、市场性主体和相关社会性主体共同影响着高铁站点周边区域的规划和发展。因为高铁站点的建设和周边区域的发展主要是由市场性主体和周边居民所决定，所以高铁站点的建设及其周边区域的发展就能首先满足市场性主体和社会性主体的需求。因此，在兰斯塔德，高铁站点的场所质量发展得较早且较好。从某种程度上来说，节点质量的发展往往是根据场所质量的需求来建设发展的。

6.4 高铁站点在天津和兰斯塔德的城市角色

6.4.1 天津高铁站点的城市角色

1) 改变土地利用形式，催化城市新中心的产生

天津共有专用及混用高铁站点8个，其中4个为主要高铁站点，其他为辅助车站。主要车站为天津站、天津西站、滨海站和滨海西站，辅助车站为武清站、塘沽站、天津南站（张家窝站）和军粮城北站。从区位来说，只有天津站位于老城中心，其他站点基本上都位于郊区。对于天津站地区来讲，高铁的引入促进了周边区域公共交通设施的完善和提高以及城市空间质量的升级。对于天津西站、滨海站和滨海西站而言，高铁的到来为这些区域注入了发展活力。高铁站点的建设成为开发这些区域的重要触媒。这些站点区域以建设高铁站点为起点，为配合高铁站点的中高端服务，全面开发周边区域，更新周边土地利用，将过去旧的、老的、空间质量低下的建筑全部拆迁。站点周围基本从零开始发展，这为发展新的城市中心提供了空间条件。天津西站、滨海站和滨海西站是天津的重要交通枢纽，不但具有良好的外向交通条件，也具有完善的城市内部公共交通网络。根据天津的未来发展规划，这些地区还将不断完善站点周边区域的公共交通，提高区域可达性。站点地区高密度、多样化的土地开发将吸引更多的经济活

动和人群在此聚集,不断催化周边区域发展,使高铁站点周边区域逐渐发展为城市新的经济中心。

2)高铁站点将引导天津城市空间轴的形成

根据《天津城市总体规划(2005—2020年)》,天津未来的空间结构将在原布局结构的基础上,结合近几年城市发展的现状和今后的发展趋势,重点建设滨海新区,完善和提高中心城区,市域城镇形成"一轴两带三区"的空间布局结构[30]。在天津城市空间结构的转化过程中,高铁站点将起到重要的引导和推动作用。天津正处于产业全面转型,从第二产业过渡到第三产业的关键时期,天津市政府性主体以高铁引入城市为契机,以高铁站点为重要综合交通枢纽,构建城市内部重要的交通网络。这些重要的交通节点催化和促进了城市交通网络的完善与升级,提高了沿线区域的可达性,吸引人流、物流到可达性好的地区聚集,使得天津城市空间沿交通线逐渐成长,发展成为新的城市空间发展轴。在规划中,天津站、天津西站、滨海站和滨海西站都是既作为重要的交通枢纽,又作为城市发展的新中心。天津西站地区将发展新的城市副中心,滨海站点地区将成为重要的国际金融中心。天津站原本就位于旧城中心,天津站的升级更新进一步提高了周围区域的空间质量,提高了老城中心的竞争力。而武清站虽为辅助站,却是连接北京到天津的经停车站,武清城区位于天津市西北部,处在京津大通道的轴向位置,也处在京津城市发展的主轴上,西距北京72 km,东距天津中心城区25 km,区位条件十分优越。武清交通十分便利,境内拥有京津塘高速公路、京塘公路、津围公路等12条干线公路[11]。武清高铁站点的建设使得武清如虎添翼,依托这些区位优势,武清将发展成为京津城市发展主轴的重要节点和现代化新城。而这四个站(三个主站一个辅助站)连成了天津的发展主轴,即天津空间结构中的"一轴",也就是"武清新城—中心城区—滨海新区核心区"构成的城市发展主轴。

3)提升天津的城市空间形象

天津是我国北方第二大城市、全国第三大城市,距离北京仅120 km。天津因漕运而兴起,城市沿着河流形成。天津因靠近北京而占有较好的经济地理位置,但往往"成也萧何,败也萧何",随着水运逐渐被路上交通所取代,过去遗留下来的城市空间问题也逐渐显露出来。而北京对于天津人才和经济活动的吸引较强,天津便借助靠近首都的地理区位来发展,但是也同样由于位置过近,城市发展一直受到压制。

从国家"十一五"规划开始,京津冀地区的整体发展规划正式启动,该区域的发展也成为重要的国家发展战略之一。2008年京津城际高铁的开通,更是提高了天津在区域中的城市地位,加速了北京与天津的同城化效应。天津到北京南站仅需要30分钟左右时间,天津成了众多在北京的经济活动的转移"阵地"。在国家"十二五"规划中,又继续将天津视为重要的高铁交通枢纽城市之一,天津将成为北方的集海运、空运和陆运于一体的重要交通枢纽城市。高铁线路的汇集使天津一举成为区域中可达性最好的城市之一,改变了过去天津依附北京的城市形象。配合高铁在城市中的贯通,天津市采取了一系列相应的措施,发展建设高铁站点。天津的四大高铁站点各有特色,根据城市发展需要以及周边区域特点发展建设,成为带动周边区域的重要交通节点。各站点地区以高铁站点为中心,进行了相应的土地开发。站点周围多为高端商业办公用地,为天津从过去的老工业城市转化为国际物流、商业服务中心城市提供重要条件。

6.4.2 兰斯塔德高铁站点的城市角色

1) 强化城市中心的发展

在兰斯塔德,高铁站点都分布在城市中心区域,或者是经济发达区域。高铁站点也并不是专用于高铁线路,往往是高铁和普通铁路的混合。相关的政府性主体会根据实际情况对站点进行升级,使其空间质量适应高铁的需要。对于兰斯塔德而言,高铁提供了重要的机会来升级高铁站点及其周边区域,高铁站点周边区域往往已经是城市的中心或经济发达区域。对于它们来说,高铁的连接进一步提升区域可达性,强化其在区域交通网络中的中心位置,增加站点周边区域竞争力,强化其经济中心的作用。

2) 提高站点周边土地利用密度,提升空间质量

在兰斯塔德,高铁站点基本上都是在旧火车站的位置上进行车站建筑的升级改造。这些车站周边区域一般都具有一定的发展基础,高铁站点的升级改造往往成为带动周边区域基础设施升级,新一轮土地开发的重要契机。从20世纪90年代初期荷兰政府第一次提出的"关键工程"到最新的"新关键工程",荷兰政府性主体都把高铁站点的升级改造作为城市新一轮土地开发的关键工程,提升站点地区的网络中心性,带来城市发展新活力,进一步促进周边土地开发,提升土地利用密度。对于兰斯塔德来说,一方面,高铁带给城市空间的作用,不再是交通导向型发展(TLD,即利用交通节点创造新的城市空间,开发新土地),而是交通整合型发展(DLT,即在现有城市发展基础上,选择重要交通节点进行升级改造),提高周围土地利用密度和土地利用质量。另一方面,升级改造后的高铁站点往往都成为城市中的标志性建筑之一,改变了老火车站的城市空间发展品位,给城市建立更好的门户形象,为站点周边区域带来新的城市活力和新的发展方向,提升城市空间整体质量。

3) 保持兰斯塔德城市竞争力

兰斯塔德是欧洲四大都市区之一,以金融服务业为主,兰斯塔德以其稳定的经济环境、良好的社会环境和自然环境吸引着世界各地的商业服务业在此聚集。与欧洲其他大都市区相比,兰斯塔德加入欧洲高铁网络比较晚。在如今全球化发展的时代,交通网络的可达性成为影响城市发展的关键因素之一。以第三产业为主的兰斯塔德对于时空距离十分敏感,高铁成为保持兰斯塔德城市竞争力的重要条件之一。对于已经具有较高的经济

潜力和吸引力的兰斯塔德来说,加入欧洲高铁网络进一步提升了这些竞争优势,保持了兰斯塔德的城市竞争力。

6.5 本章小结

本章对中国天津和荷兰兰斯塔德高铁站点地区的建设发展及其空间角色进行了系统的对比分析。对于天津和兰斯塔德而言,虽然这两大都市区具有较为相似的物理空间背景,如它们具有相似的区位、相似的城市空间结构和城市功能,又在高铁引入城市发展的过程中投入了大量的人力、物力和财力,但是高铁站点在这两大区域发展中却扮演着不同的角色。不同的城市发展形式、城市发展需求和不同利益主体的参与是产生不同类型高铁站点的主要原因。高铁站点的建设是城市空间发展的催化剂和促进剂,在不同的城市背景下,高铁站点扮演着不同的角色。

在天津扩展式的城市发展策略下,高铁站点偏向于选址在市郊区域,以期能够带动未来的城市发展,创造新的城市中心。天津快速的经济发展,以及产业的"退二进三",也对相对高端的商业区域提出了发展需求。在这样的背景下,高铁的引入将很好地与城市发展需求相契合。同时天津相关政府性主体的积极参与和推动,为高铁站点在城市中的发展奠定了良好的基础和发展方向。多条高铁线路在天津交汇,可以说天津的高铁站点的建设和发展是一个全新创造的过程,创造新的交通节点、新的交通线路,以交通枢纽节点为汇聚点,发展新的城市交通网络。但是天津的高铁建设是政府调控式发展模式,市场性主体不能直接参与,大大降低了市场性主体的积极性。在高铁站点及其周边区域的发展过程中,市场性主体的缺乏使得站点周边区域发展周期长,开发经济风险大,很容易在高铁站点发展初期形成"孤岛型"高铁站点。在天津,从目前的情况来看,高铁站点的建设和发展主要是节点质量带动场所质量发展为主,更多的是提高了天津市的可达性,促进城市内部交通网络的完善。高铁站点及其周边区域的发展是在发展其交通功能的基础上进行的,天津目前高铁站点地区的发展属于交通导向型发展(TLD),即先提高区域可达性,再吸引人群和经济活动的集聚,带动周边区域土地的全新开发。高铁站点对周边区域起到了催化新公共交通服务设施的建设、催化新经济区域的产生的作用。

对于兰斯塔德而言,在更新改造和集中发展的城市策略下,高铁站点的选址往往是城市中心旧火车站的升级,以期能进一步提高车站周边的土地利用密度和空间质量。兰斯塔德地区拥有稳定的经济发展态势、高度的城市化水平。该区域希望利用高铁不断地提高区域的空间可达性,保持区域竞争力,继续吸引更多的外来投资,高铁的引入更多是为了进一步满足周边经济活动对站点更好的空间质量的需求。与天津相比,在兰斯塔德相对"自下而上"的体制下,政府性主体和市场性主体功能协调地发展高铁站点区域,有利于快速发挥出高铁的作用,也更有利于高铁站点与周边区域良好的结合，成为真正拥有良好空间质量的高铁站点。但是荷兰政府性主体内部的意见不一致，执行政策犹豫，政策执行不力，也拖慢了高铁站点规划的实施，形成伪高铁站点。目前来说，兰斯塔德区域高铁站点地区的发展主要是交通整合型发展(DLT)，高铁站点地区的发展是场所质量优先于节点质量发展，节点质量的提高是为了进一步满足场所质量的需求。这样的高铁车站是在原有场所质量的发展基础上，推动高铁站点与周边区域整合发展，不追求创造新的城市经济空间，而是在现有基础上，配合交通可达性，进一步提高城市空间质量，既注重可达性的提高，又重视城市功能的相互衔接，保证并增强城市竞争力。

总之，高铁站点的建设是城市发展的重要催化剂和促进剂，高铁站点周边区域的发展与站点位置、城市发展需求和相关的社会制度具有紧密的联系。站点位置是高铁站点及其周边地方发展的基础条件，城市的发展需求是站点周边区域的成长动力，而不同利益主体的合作制度是连接它们的纽带，这三方面共同的作用影响着高铁站点的质量发展和成长类型。如同将陀螺放在支撑平台上，如果没有外作用力，它就无法发挥作用；在"支撑平台""外作用力"和"陀螺"的共同协同下，"支点"会产生不同的发展方向，只有这几方面协调配合，才能在支撑平台上画出优美的弧线。

第6章参考文献

[1] SHACHAR A. Randstad Holland：a "world city"？[J]. Urban Studies，1994，31(3)：381-400.

[2] 佚名.可公开地质资料——天津市地理[EB/OL].(2013-05-19)[2019-04-22]. http://www2.tjfdc.gov.cn/lists/list108/dispform.aspx? id=18.

[3] 佚名.天津市地方志网[EB/OL].(2013-05-19)[2019-04-22]. http://www.tjdfz.org.cn/tjgl/ggkf/index.shtml.

[4] Central Bureau System. Randstad economy fourth largest in Europe [Z]. Amsterdam：Web Magazine，2008.

[5] 李兆江.天津城镇体系的产业聚集与京津冀地区的协调发展[J].城市，2010(1)：26-29.

[6] MEYER H，et al. Rotterdam：a city and a mainport on the edge of a delta[J]. European Planning Studies，2012，20(1)：71-94.

[7] PALMBOOM F. Rotterdam as an urbanised landscape [M]. Rotterdam：010 Publishers，1987.

[8] VAN DEN BERG L，et al. Growth clusters in European metropolitan cities[M]. Farnham：Ashgate，2001.

[9] TNO (Dutch Organization for Applied Scientific Research). Randstad growth lags behind top-20 European metropolitan regions[Z]. Delft：TNO，2012.

[10] CHORUS P. Station area developments in Tokyo and what the Randstad can learn from it[D]. Amsterdam：University of Amsterdam，2012.

[11] 佚名.天津市总规[EB/OL].(2013-05-06)[2013-09-20].http://wenku.baidu.com/view/ecbc5a0016fc700abb68fc8d.2013-05-06.

[12] 侯雪,刘苏,张文新,等.高铁影响下的京津城际出行行为研究[J].经济地理,2011,31(9):1573-1579.

[13] 叶冬青.综合交通枢纽规划研究综述与建议[J].现代城市研究,2010,25(7):7-12.

[14] SIDERS A L, et al. Impact of high speed rail stations on local development: a delphi survey[J]. Built Environment, 2012, 38(1): 31-51.

[15] 刘易斯·芒福德.城市发展史[M].宋俊岭,等译.北京:中国建筑工业出版社,2005:2.

[16] NUWORSOO C. Transforming high-speed rail stations to major activity hubs: lessons for California[R]. Washington D.C.: TRB Annual Meeting, 2009.

[17] 谢利剑.广州居民城际通勤问题研究[D].广州:中山大学,2009.

[18] 赵立华.高铁区域合作的纽带[J].铁道经济研究,2010(2):24-26.

[19] MAJOOR S, SCHUILING D. New key projects for station redevelopment in the Netherlands[M]//BRUINSMA F, PELS E, PRIEMUS H, et al. Railway development impacts on urban dynamics. Heidelberg: Physica-Verlag, 2008: 101-123.

[20] Ministry of Infrastructure and the Environment. New key projects[Z]. The Hague: Ministry of Infrastructure and the Environment, 2006.

[21] PAGLIARA F, CASCETTA E. Integrated land use and transport planning: the metro systems project of Naples and Campania[R]. Amsterdam: Paper Presented at the Congress: Transportation Planning: a Policy Design Challenge, 2006.

[22] VAN DEN BERG L, BRAUN E, VAN DER MEER J. Metropolitan organising capacity: experiences with organising major projects in European cities[M]. Farnham: Ashgate, 1997.

[23] 佚名.西站站房巨大穹顶月底完成合龙工程[EB/OL].(2010-10-08)[2013-06-14]. http://www.tianjinwe.com/tianjin/tjyw/201010/t20101008.

[24] TRIP J J. Urban quality in high-speed train station area redevelopment: the cases of Amsterdam Zuidas and Rotterdam Central[J]. Planning, Practice & Research, 2008, 23(3): 383-401.

[25] Anon. Amsterdam Minstry: Zuidas[EB/OL]. (2013-06-20)[2019-04-22]. http://www.amsterdam.nl/zuidas/english/menu/zuidas/.

[26] TRIP J J. What makes a city? Planning for "quality of place"[M]. Delft: Delft University Press, 2007.

[27] Alsop Architects. Rotterdam central ontwerp master plan[Z]. Rotterdam: Project Bureau Rotterdam Central/Alsop Architects, 2001.

[28] Anon. Rotterdam central district. The introduction of Rotterdam central district[EB/OL]. (2013-05-20)[2019-04-22]. http://www.rotterdam-centraldistrict.nl/index.php?pageID=13.

[29] MAJOOR S. Disconnected innovations[M]. Delft: Eburon, 2008: 67-77.

[30] 李凤会.天津城市空间结构演化探析[D].天津:天津大学,2007.

第 6 章图表来源

图 6-1 源自:笔者绘制。

图 6-2 源自:笔者根据 1 400 份调查问卷分析绘制。

图 6-3、图 6-4 源自:笔者绘制。

图 6-5 源自:笔者拍摄。

图 6-6 源自:《天津市空间发展战略规划(2008—2020 年)》。
图 6-7 源自:笔者拍摄。
图 6-8、图 6-9 源自:笔者绘制。
图 6-10 源自:笔者拍摄。
图 6-11 源自:笔者绘制。
图 6-12 源自:笔者根据南轴广场规划(Zuidplein Plan)(荷兰语)改绘。
图 6-13、图 6-14 源自:笔者拍摄。
图 6-15、图 6-16 源自:笔者绘制。
图 6-17 至图 6-19 源自:笔者拍摄。
图 6-20 源自:笔者绘制。
表 6-1 至表 6-10 源自:笔者绘制。

7 结论与展望

7.1 结论

本书以高铁站点地区为研究对象,在国内外研究文献和相关理论的基础上,通过建立陀螺概念分析模型,结合国内外高铁站点地区发展的案例,系统地分析了高铁站点地区发展所涉及的动力要素和作用机制。最后以中国天津和荷兰兰斯塔德为例,对两个城市区域高铁站点地区的发展进行了实证研究。全文主要结论如下:

7.1.1 高铁站地区发展的陀螺概念分析模型

高铁站点地区发展是十分复杂的城市工程,涉及众多的因素。本书基于交通与土地利用之间的互馈循环关系,建立了高铁站点地区发展的陀螺概念分析模型,分层解析高铁站点地区的发展。陀螺概念分析模型主要分为城市本身的基础条件、不同空间利益主体的综合表现、高铁站点发展的类型以及高铁站点发展的空间角色四个分析层次。笔者认为高铁站点地区的发展如同陀螺(高铁站点)在支撑平台(城市本身的基础条件)旋转的过程,是以城市本身的基础条件为发展平台(支撑平台),在相关不同空间利益主体的外作用力下(包括政府性主体、市场性主体、社会性主体),结合高铁的交通特点,将形成不同的高铁站点发展类型与模式。城市本身的基础条件为高铁站点地区的发展提供了基础平台,平台的好坏影响这个"陀螺"旋转的可能和流畅度。不同利益主体的行为和合作形式就如同推动陀螺旋转的外作用力,不同的施力方向和方式都将影响着这个"陀螺"的旋转方向和路径。在城市基础条件和不同空间利益主体的共同作用下,高铁站点的节点质量和场所质量会产生不同的发展方向和组合方式,使得高铁站点地区呈现不同的发展类型与模式。陀螺概念分析模型中几个层次之间是联动的发展关系,无法分离,分离任意要素不能充分或者系统分析出高铁站点地区的发展过程。陀螺概念分析模型将高铁站点地区的发展比作陀螺在支撑平台旋转的过程,将高铁站点地区复杂的发展过程具体化,抓住了高铁站点地区发展的关键要素并总结其动力机制,为高铁站点地区发展研究提出了一种新的分析思维。

7.1.2 城市基础条件是平台和基础动力

城市基础条件主要包括城市宏观区位、城市空间发展条件(站点在城市中的位置)以及城市社会经济发展条件三个方面。面对高铁的到来,沿线城市不同的城市基础条件为高铁站点地区的发展提供了不同的平台。

(1)城市宏观区位影响城市可达性的变化。城市的宏观区位越好,城市成为高铁网络重要枢纽的概率就越大,城市可达性的提高幅度也就越大。

(2)站点在城市中的位置为高铁站点地区的发展设置了不同的"硬件条件"。不同位置的高铁站点,其对公共交通的可进入性和需求都有所不同。高铁站点在城市中的位置可分为位于中心城区、位于近郊区和位于外围区三种类型。位于中心城区的高铁站点一般拥有较好的公共交通基础,多种交通方式可达,但是私家车的可进入性较差,高铁站点的发展需要融入现有城市空间。位于近郊区的高铁站点一般都为新建高铁站点,需要完善的公共交通才能发挥其作用,高铁站点的发展将改造站点周围的城市空间。位于外围区的高铁站点的发展不受土地限制,但由于距离城市中心较远,公共交通衔接方式单一,步行与自行车不可达,私家车为主要交通方式,高铁站点的发展与城市空间发展相互独立。

(3)城市社会经济发展条件为高铁站点地区的发展设置了不同的"软件条件"。城市的社会经济发展条件越好,对高铁站点选址和高铁站点的发展话语权越大,城市发展与高铁站点发展的融入性要求越高,城市发展对高铁站点地区发展的依赖性越低。在社会经济发展条件好的城市,高铁站点地区的发展更容易取得成功。区域级核心城市对站点位置的选择具有较大的话语权,对高铁站点的发展需求主要是城市可达性的提高,高铁站点的发展需要融入城市空间。地区中心级城市对站点选址具有一定的话语权,期望利用高铁站点改造城市空间,并且其较好的社会经济发展条件为高铁站点的发展提供了动力。中等城市对高铁站点的选址稍有话语权,期望借助高铁站点更新城市空间,城市的社会经济发展条件有时候不一定能够满足站点地区的发展需求,影响高铁站点的发展。小城市对站点位置的选择基本没有话语权,一般选址都是按照交通走线的需要,高铁站点发展独立于城市空间发展,城市社会经济发展条件也很难满足高铁站点地区的发展需求。只有具有特色的产业类型并配合良好的站点位置,小城市的高铁站点发展获得成功的概率才会较大。

7.1.3 不同空间利益主体的综合表现是成长动力

高铁站点地区的建设与开发是一个极其复杂的城市发展项目,涉及城市中的不同空间利益主体(主要包括政府性主体、市场性主体和社会性主体)。每一个类型的主体都依据其各自对高铁发展的需求、能力和行为影响着高铁站点地区的开发。

（1）政府性主体具有政治资源，往往通过其行政能力制定政策，提供有利的社会经济政策条件促进高铁站点地区的开发。欧洲的里尔工程说明了政府性主体如何推动高铁站点地区的发展，也进一步说明了具有远见和卓越能力的核心领导人将有力地促进高铁站点地区的发展。

（2）市场性主体具有经济资源，以追求经济效益最大化为最终目标，它们利用市场敏感性和市场开发经验，积极开发高铁站点地区，使高铁站点周边开发呈现最大繁荣度。日本的高铁站点地区开发就证明了这一点。在市场性主体的主导下，日本的高铁站点地区成为城市中土地开发密度最大的区域之一。

（3）社会性主体可以通过规模性的行为和语言表达诉求，影响相关的政府性主体和市场性主体制定决策，间接影响高铁站点地区的发展。德国斯图加特21项目就是社会性主体通过集聚诉求对高铁站点地区发展产生干预的例证。

（4）这些不同的空间利益主体，在不同的制度下，通常存在政府性主体主导、市场性主体主导以及平衡协调（政府性主体引导、市场性主体协调的方式）三种合作方式。不同的合作方式将给高铁站点地区发展带来不同的作用机制，也将给高铁站点地区带来不同的发展模式。市场性主体主导的合作方式有利于高铁站点周边的土地开发、社会经济活动的集聚、高效率的交通服务，但同时也带来了各种社会和环境问题，如日本高铁站点地区的开发建设。政府性主体引导、市场性主体合作的方式有利于高铁站点地区兼顾公共城市空间和经济开发的双重效益，但是多主体的参与也很可能带来漫长的商议过程，使项目实施周期过长，甚至搁浅，如荷兰高铁站点地区的开发建设。政府性主体主导的方式有利于在最短时间内集聚最多的社会经济资源开发与建设高铁站点地区，保证高铁站点地区建设的可操作性，但是行政的过分干预很可能降低了高铁带给城市的经济效益，如中国高铁站点地区的开发建设。

7.1.4　高铁站点地区发展的不同城市角色

在城市基础条件和相关利益主体的共同作用下，高铁站点的节点质量和场所质量将具有不同的发展程度和发展方向，带来不同的发展类型，也将使高铁站点在城市中扮演不同的角色。

高铁站点地区既作为城市的交通枢纽之一，又作为城市公共空间的一部分，具有节点质量与场所质量两个基本特性。在不受外界条件干扰时，站点地区节点质量或场所质量的发展，都会为另一个属性带来积极发展的条件，两者相互促进、循环发展。但在现实的城市发展过程中，每个城市因地而异地提供不同的基础发展平台和成长动力。城市的空间发展模式主要影响高铁站点的选址，城市的社会经济发展条件主要影响高铁站点地区发展的基础动力,而相关利益主体的参与形式则主要影响高铁站点的发展质量和类型。这三个要素相互影响,形成了不同类型的高铁站点地区。

根据高铁站点场所质量和节点质量的发展程度,高铁站点可分为自组织发展型、交通引导型、交通追随型、平衡发展型和限制发展型。其中自组织发展型是节点质量与场所质量处于相互依赖发展的初期;交通引导型节点质量发展较好,具有交通枢纽功能,并带动场所质量的发展;交通追随型场所质量发展较好,具有城市中心功能,对节点质量提出更高的发展需求;平衡发展型是节点质量与场所质量都发展较好且相互平衡,促进发展;限制发展型是节点质量与场所质量发展处于相互限制发展的不经济阶段。

不同发展类型的高铁站点在城市发展中扮演不同的角色。从空间质量的角度来说,高铁站点地区的发展可以对周围城市空间起催化剂和促进剂作用。催化剂作用强调创造新的经济活动,带来新的经济效益、新的城市空间;促进剂作用强调更新城市空间,提升城市可达性,提高城市发展质量,如多样化的经济、多样化的土地利用、多样化的交通方式以及具有吸引力的城市环境。其中自组织发展型高铁站点催化剂和促进剂的作用都比较微弱,交通引导型高铁站点催化剂的作用更强,交通追随型高铁站点促进剂的作用更强,平衡发展型高铁站点催化剂和促进剂作用都比较强。

7.1.5 案例对比:各取所需,因地制宜

通过中国和荷兰两个城市区域的高铁站点地区的对比研究可以发现,即使是在具有相似物理背景的城市建设高铁站点,仍然会有不同的发展方向和类型,相应的,其在城市中的角色也会有所不同。

天津在扩展型城市发展策略和政府性主体主导的合作模式下,高铁站点偏向于选址在市郊区域,以期能够带动未来的城市发展,创造新的城市中心。政府性主体主导的制度组织模式能够快速集聚社会经济资源,有利于发展高铁站点地区的节点质量,但是受市场因素影响很大的场所质量则发展得较为缓慢。天津高铁站点的节点质量发展十分迅速,高铁站点的建设和发展主要是节点质量发展带动场所质量的发展,高铁站点在城市发展中主要起到催化剂的作用,创造新的交通节点,创造新的城市中心,改变城市形象。荷兰兰斯塔德在集中型的城市发展策略和政府性主体引导、市场性主体合作的模式下,高铁站点的选址往往是利用城市中心旧火车站的升级更新,以期进一步提高车站周边的土地利用密度和空间质量。高铁站点在城市发展中扮演着促进剂的角色,推动高铁站点与周边区域整合发展,提升城市空间竞争力。

通过陀螺概念分析模型的构建、动力机制的探讨和大量案例的分析研究,可以发现高铁站点地区的发展是十分复杂的过程,涉及众多要素,从城市的宏观区位条件、社会经济发展条件、产业类型,到众多不同相关利益主

体的参与，都影响着高铁站点地区的发展。高铁站点地区的发展不能一概而论，需要具体问题具体分析，不是所有的城市都适合发展高铁站点，不是所有的高铁站点都应该选址在相同的位置，不是所有的高铁站点都以相同的模式发展。需要结合城市背景进行选择性发展，才有助于发挥出高铁对城市发展的积极作用。

7.2 启示

7.2.1 高铁站点位置选择：在不同的城市中如何选择高铁站点的位置？

通过天津和兰斯塔德两个都市区内四个高铁站点的对比，可以发现在天津和兰斯塔德地区具有不同的高铁站点选址倾向。在天津快速的经济发展以及扩展式的城市发展模式背景下，高铁站点更倾向于选址在市郊区域，借助高铁站点，刺激城市新的经济区域产生，快速的经济增长也将给高铁站点地区的发展提供动力。在兰斯塔德稳定的城市增长以及集中式的城市发展模式下，高铁站点的选址更倾向于市中心位置或者城市中的经济较发达区域，高铁对于城市而言更多的是保持城市竞争力，并且这类城市规模增长的需求不大，如果选择在市郊区域，很容易变成"孤岛型车站"。选址是高铁站点地区发展的基础，车站位于郊区会有足够的土地空间，有利于开发新城市区域，但是对公共交通基础设施要求极高，并且要求市场性主体在其中扮演很重要的角色，才能给车站周边区域带来经济活力。若车站选址在城市中心，城市公共交通系统和站点周边区域已有一定发展基础，有利于更早更充分地发挥高铁的效用。总的来说，高铁站点位置的选择，需要充分考虑城市的基础条件，包括城市空间发展策略、经济发展速度和产业转型阶段。这三个条件其实也是息息相关的，一般来说，对于那些城市空间发展策略为扩展发展，同时经济发展速度较快，产业处于转型期的城市，则选择城郊位置更容易发挥高铁的创造新经济区的作用。当城市基础条件类似于兰斯塔德，都处于比较稳定的状态，则应该选择靠近市中心的位置，更容易发挥高铁为城市注入新活力的作用。除此之外，当高铁站点的发展是为某一功能区服务的时候，则以靠近该功能区最佳。对于我国的高铁城市来说，大多数的城市都处于空间扩展和产业转型的重要时期，高铁站点选址应在市郊位置。但是一些中小城市，经济增长速度较慢，产业也未到转型期，需要高铁带给城市新的活力，也许应该像兰斯塔德学习，将高铁站点选址在市中心区，可能会更好地发挥高铁的积极作用。

笔者认为，不同类型的城市基础条件存在着以下规律：

（1）城市经济实力强、等级高的核心城市，往往是高铁线路的重要枢纽或终端站。此类城市希望借助高铁的连接，进一步提高城市在区域中的竞争力，保持城市活力。高铁站点对于这类城市更多的是起到促进剂的作用,在高铁站点的选址中偏向于距离市中心较近的区域或者与机场综合发展,例如北京南站、上海虹桥站以及欧洲大部分高铁站点的选址。若进一步保障高铁站点与城市内部公共交通无缝连接,其高铁站点周边发展容易获得成功,这些城市的高铁站点往往既能起到作为重要的交通节点作用,又能起到带动周边发展的场所作用。

(2)经济实力好、区域产业功能较强的城市通常是高铁线路的重要枢纽站。高铁站点应该根据城市的经济需求和城市空间走向选址,进一步完善高铁站点周边城市公共交通,根据城市产业发展需求规划高铁站点周边区域,其高铁站点周边地区发展容易获得成功。

(3)经济实力不强、距离核心城市较远的城市是高铁线路的经停站。城市内部交通形式比较单一,若高铁站点再选址在郊区,其高铁站点周边地区发展非常不容易取得成功,很容易成为"沙漠车站"。若选址在城市中心位置,在城市现有交通基础上完善公共交通,根据城市产业需求发展站点区域,则更可能发挥高铁的积极作用,更容易取得成功。欧洲部分小城市的高铁站点都是市中心老火车站的改装升级,这样不但能节约开发成本,也能根据城市基础条件更好地发挥高铁站点的积极作用,例如荷兰的布雷达中央车站。

7.2.2　主体合作模式的选择:何种组织模式引导高铁站点地区的发展?

在天津高铁站点地区的建设发展过程中,政府性主体扮演着主导调控的角色。这种"自上而下"有力的政府调控模式保证了站点地区建设过程中的利益目标一致性,有利于促进高铁项目的如期进行。但是这种决策制度如果在高铁站点区域发展过程中没有考虑市场性需求,可能导致供大于求或者是供不应求。也就是说站点周围的土地开发项目不一定就能够满足市场需求,或者超出市场的需求,这在一定程度上增加了开发建设的经济成本和风险,很可能使得高铁周边区域需要较长时间的不断协调其节点质量和场所质量,才能发挥出积极效应。在兰斯塔德,高铁站点的发展过程中涉及多个主体,"自下而上"的制度很好地发挥了市场性主体的功能,高铁站点地区的发展能够很好地与市场性主体和社会性主体的需求契合,使得高铁站点与周边地区的发展相辅相成。但是其缺点是需要很长的时间和强有力的组织能力来平衡不同主体间的利益,如果缺少强有力的和果断的决策者,就很容易如兰斯塔德的阿姆斯特丹南站一样,成为伪高铁站点。通过前文中大量的案例分析,以及天津和兰斯塔德的深入对比分析,可以发现不同空间利益主体的合作机制是连接高铁与城市发展的纽带。在高铁站点地区发展过程中,需要一种能够有效组织协调不同利益主体的发展机制,笔者认为这种机制应包括政府性主体远见性的领导和发展规划,市场性主体和社会性主体的广泛支持,以及不同主体间的战略合作关系三个关键部分。

1) 政府性主体远见性的领导和发展规划

政府性主体在高铁对城市发展产生影响的过程中起到关键性作用。政府性主体如何引导和规划高铁站点的发展，影响着高铁站点周边区域的发展，甚至整个城市的未来发展。首先，需要政府性主体能够充分全面地了解城市发展的优势及劣势，做出符合城市实际发展的具有远见性的规划，这样的规划也是保证高铁站点及其周边区域保持连续发展的重要条件。其次，高铁的连接带来交通便利的同时，城市之间的竞争力也会沿着高铁线路进行扩散。因此，政府性主体除了了解城市本身的发展特点，也应意识到了解并学习其他高铁城市发展优势和经验的重要性，为城市政府性主体进行决策时提供参考。一项考虑充分全面的城市规划是保证高铁站点周边发展连续性的重要条件，政府性主体具有远见性的规划是城市中发展项目和发展政策实现的基础。在城市发展过程中，当这项规划经历了现实的不断考验，它将成为城市的发展框架。城市中的不同空间利益主体将根据政府性主体提出的规划，决定并调整各自的空间行为，进而影响城市发展。

与此同时，每一个项目的实施都需要有效的领导能力来制定、实施和完成，可以说领导能力也是项目成功发展的关键要素。针对高铁站点发展相关项目来说，城市中政府性主体如果希望借助高铁带来的催化作用带动城市发展，满足其不同的利益需求，那么政府性主体就需要采取主动的、有远见的预测性的行动方式，既重视不同利益主体的协调配合，又能预见性地处理城市发展问题，并且明白城市不同利益主体合作的重要性，就如欧洲里尔工程中相关的政府性主体的积极参与协调和市长卓越的领导力。当地政府的发展规划要与国家和当地政策变化相适应，积极应对高铁的到来，为高铁给城市带来正面效应做好充足准备，更好地利用高铁带来的机遇。相反，如果政府性主体只是采取"等和看"的态度，总是被动回应城市的变化，只重视利用政府性主体的权力去控制城市发展，不与其他空间利益主体去配合，这种管理方式也许能处理城市日常发展事务，但当城市发展中出现比较复杂的开发项目时，政府的管理方式和能力就显得力不从心了。对于高铁带给城市的影响不能够主动把握，只能等待问题出现再被动地采取措施，很难推动高铁站点地区的发展。

2) 市场性主体和社会性主体的广泛支持

一个发展项目若是缺少城市不同利益主体的支持，尤其是市场性主体的投资者和社会性主体中的主要项目消费者的支持，都是无法持续发展的。为了充分利用高铁带给城市的发展机会，促进城市发展，政府性主体、市场性主体、社会性主体三者之间的共同配合和支持是尤其重要的。政府性主体由于其特殊的权力地位，会在很大程度上影响政策的制定和实施。在城市不同利益主体的协调过程中，政府性主体也是重要的角色。因此政府性主体在城市发展决策过程中既要重视城市发展的经济效益，又要重视项目发展带给公众的社会效益。不同利益主体的支持来源于它们对项目产生的利益需求，对其产生利益需求越大，它们提供的支持也越大。在许多案例中,在高铁项目发展初期,通过积极的鼓励并提供机会给市场性主体参与制定未来城市发展战略,这样可以获得市场性主体更多的支持。如果在城市发展项目中,市场性主体能够作为有影响力的合作者,它们将会对该项目提供大量的支持。这同时也要求政府性主体在制定高铁相关发展项目时能够重视项目的经济效益,以吸引市场性主体的支持。

社会性主体的支持是高铁项目发展的另一个基本条件。如果一项高铁站点发展项目没有得到当地居民的支持,那么很可能高铁站点的开发项目会受到影响而不得不推迟,如德国的斯图加特21项目。对于项目的直接相关利益主体来说,高铁站点的开发为其带来的经济效益是直接的,也是可以掌控的。但是对于社会性主体来说,高铁相关项目开发的效益对于它们并不十分显著,它们本身没有太强的利益需求要求其作出改变。所以尤其需要说服社会性主体,获得它们的支持。如果没有得到当地社会性主体的支持,尤其是当地居民的支持,那么高铁项目在实施初期就很容易失败。即使后面运行起来,也很难取得好的经济效益和社会效益。如高铁站点区域原居民、高铁站点的使用者等对高铁的相关发展持否定态度,这种态度对于城市中任何有关高铁的发展都是十分不利的,不但很有可能延长开发时间,提高开发成本,也有可能影响高铁站点地区发展的繁荣度,影响高铁站点地区的建设发展。因此获得社会性主体的支持是项目可持续发展的必要条件之一。

3) 不同主体间的战略合作关系

城市中不同的利益主体,对高铁在城市中的建设与发展有不同的利益诉求,进而起到不同的作用。对于不同的城市利益主体,它们之间有效而充分的组织协调机制尤其重要,不同的协调机制将产生不同的影响。本书对中国、荷兰和日本三个国家的不同空间利益主体组合方式进行了总结,目前主体间的战略合作模式包括政府性主导调控合作、协调化主导调控合作和市场化调控合作三个主要方向。政府性主导调控合作是指政府性主体在高铁站点地区建设发展相关项目中是主要的调控者和管理者,扮演着"城市老板"的角色,市场性主体不能自己制定区域发展规划,需要在政府性主体的引导下,根据各自需求,选择性投资,如中国高铁项目的建设管理就是这种模式。这种模式的合作关系能积极主动地抓住城市发展机会,有利于高铁站点节点质量的发展。但是有时政府能力有限,调控过犹不及,单纯利用政府职能,不足以充分协调其他利益主体,这种合作关系有时候就会显得力不从心。市场化调控合作是指在高铁站点的发展过程中,市场性主体扮演主要角色,车站地区的规划由市场性主体根据它们投资区域的长期经济效益制定,政府性主体扮演辅助协调角色,建设必要的基础设施来吸引社会性主体来此消费,如日本高铁项目的建设和管理就是这种模式。这种合作关系市场化占绝对优势,保证了土地开发的经济效益,但是这很可能在一定程度上忽视了社会公共效益。协调化主导调控是指在进行高铁相关的城市项目过程中,城市中不同空间利益主体共同参与,政府性主体起到引导和协调作用,保证高铁线路和高铁站点的顺利建设和如期开通;市场性主体提供经济支持,投入资金发展高铁站点周边区域,政府性主体与市场性主体采取合作模式,各司其职,发展高铁站点地区,如荷兰高铁项目的建设管理就是这种模式。这种模式的合作关系注重城市的平衡发展,既注重高铁站点周边的节点质量,完善周边公共交通设施,又注重场所质量的发展,有利于提高城市空间质量,创造经济效益。但是这种合作形式对政府性主体的领导和引导能力提出了较高要求。总之,对于城市中不同利益主体来说,高铁站点的建设与发展是它们实现利益需求的一种途径和动力。高铁站点地区的发展需要依靠这些利益需求带来关注和投资。不同的利益主体的合作方式带来不同的发展方向,各有利弊,需要根据实际情况和发展目标因地制宜地进行选择。

7.2.3　高铁站点地区属性发展:节点质量与场所质量如何发展?

正如书中第 2 章和第 6 章所述,高铁站点地区具有节点质量和场所质量两种属性。从不同案例分析和对比研究中也可以发现,不同的高铁站点地区在各种要素的共同影响下,很可能具有不同的发展特点和发展类型,有时节点质量发展快于场所质量发展,有时场所质量发展快于节点质量发展。前者是交通功能引导城市发展,后者是城市发展促进交通功能升级。实际上很难说哪一种模式是最好的,只能说符合城市发展需求的(经济需求、空间需求和人口需求等等)才是最合适的,也是最有可能发挥高铁带给城市的最大积极效益的。

1) 节点质量与场所质量的平衡发展

从交通功能的角度来说,好的节点质量要求其能灵活应对不断增长的基础设施需求以及各种不同公共交通方式的整合和无缝连接。从城市功能的角度来说,好的场所质量应该是结合当地特定的背景和可达性条件进行相应的土地开发。可以说高铁站点地区是特殊的城市空间之一,一方面它作为城市交通网络的重要节点,另一方面它是各种城市社会经济活动聚集的重要场所。在高铁站点周边区域,节点质量的发展与场所质量的发展只有协调平衡,才能够最大化地带给城市积极的影响。如天津武清站的初期状态,根本无法对城市空间产生大的积极影响。北京南站好的节点质量以及完全不匹配的场所质量,使得节点质量在某种程度上成为扩散人群的重要途径,进一步削弱了车站区域场所质量的发展。日本新宿车站过多的场所质量限制了节点质量的发展。可见,只有车站区域的这两种属性平衡成长,才能对城市空间产生最大的积极影响。

2) 多样化并且具有高可达性的公共交通衔接服务是高铁站点地区发展成功的重要因素

众多的研究案例都表明多种多样并且具有高可达性的交通衔接服务是高铁站点地区发展成功的重要因素之一。多样化的综合交通衔接服务应既包括机动型交通方式(私家车、公交车、地铁等),又包括非机动型交通方式(步行和自行车),同时每一种交通方式都具有相应良好的可达性。机动型交通往往适合长距离服务,能承载大量的乘客从远距离汇集到高铁站点地区。而非机动型交通适合站点周围区域的短距离服务,是将站点地区汇集的人群和城市功能扩散到站点周边地区的重要途径之一。机动型交通与非机动型交通的发展相辅相成,是节点质量推动场所质量发展的重要条件,既保证了高铁站点作为城市重要交通枢纽的交通功能,也保证了高铁站点带动周边区域发展的城市功能。在布局时,可以考虑将具有较高承载量的机动交通方式例如地铁、公交车等尽量布局在靠近火车站台的位置,易于快速集聚和分散人群。而低承载量的交通方式如私家车,可根据实际情况布局在离车站相对较远的位置,这样可以保证高效的交通体系,提高站点地区的可达性。

3) 高效利用高铁站点地区的核心区域,建立综合的土地利用模式

高铁站点地区的核心区域往往是受高铁辐射最强烈的区域。天津和兰斯塔德的案例对比表明,荷兰高铁站点的核心区域是开发密度最高、土地利用率较高的区域。车站核心区域往往是城市社会经济活动最密集的区域,这样的土地利用模式能够最大化发挥高铁对周边区域的辐射带动作用,也保证车站区域的城市活力。我国高铁站点核心区往往是宏伟的景观型广场,虽然这种广场能够给人以震撼的感觉,但是从经济效益的角度出发,这种设计并不能充分发挥高铁对周边区域尤其是核心区域的辐射带动作用。高铁车站与普通火车站有相同之处,它们都是城市的交通枢纽,集聚与分散人群。但高铁车站与普通火车站又有不同之处,高铁站点是新的城市经济活动空间。因此,应该打破过去对车站区域的刻板印象和定义,宏大的广场不是高铁站点地区发展成功的重要因素,但是核心区域高效综合的土地利用模式却是保证高铁站点地区成为城市交通枢纽和新城市经济活动空间的成功要素之一。

4) 整合站点地区城市空间,注重长期效益

如前面的对比分析中所述,我国的高铁站点地区与欧洲的高铁站点地区具有不同的发展模式。总的来说,我国高铁站点地区的发展主要是交通引导城市发展,高铁站点地区同整个城市共同成长。而在欧洲是城市整合交通发展,高铁站点地区的发展需要协调现有的城市发展,整合交通发展。我国的多数高铁站点布局在城郊的新开发区域,多为新建车站,车站周边地区从零开始建设。而欧洲高铁站点多数是旧火车站的改造,车站周边已经发展得较为完善,车站与周边区域的整合发展就成为欧洲高铁站点发展的挑战和难题。从车站的发展模式来说,我国的交通引导城市发展模式更有利于高铁车站与周边区域的整合发展。基于欧洲高铁站点的发展经验,我国的高铁站点地区在进行站点地区发展规划时应注重长期效益,根据城市的不同发展阶段和类型,结合需求,选择高铁站点的发展模式,将高铁站点的发展规划同城市空间发展规划相结合,注重城市发展的长期效益,才

是高铁站点地区发展的长久之道。

7.3 未来研究展望

1) 如何在我国的制度体系下实现多种不同空间利益主体的合作？

我国的制度体系与欧洲的社会制度体系不同。在我国高铁站点地区的发展过程中，铁道部在铁路建设和管理方面具有垄断地位，快速地组建了庞大并且强有力的"国家队"，这种发展模式使得我国的高铁发展无论是速度还是规模都在世界上名列前茅，这也是中国式的制度体系的优势所在，能够在最短时间集聚最强力量去解决问题。但是当高铁线路建设完成后，高铁站点周边地区的土地开发与社会经济活动的发展不再是政府调控能够独自承担的，市场化和社会各主体的反映也并不是强有力的"国家队"能够调控的。正如本书分析中所述，中国和欧洲的高铁站点地区制度模式不同，各有利弊，我国强有力的"自上而下"的制度让我国的高铁技术和高铁建设达到前所未有的速度和规模。欧洲国家"自下而上"的制度使得高铁站点地区的发展能够取得最大化的经济效益、社会效益和生态效益。中国和欧洲高铁站点地区发展的制度模式不同，各有利弊，那么在我国的制度体系下，如何实现不同利益主体的分工和协作，应该是未来我国高铁站点地区发展研究的关键问题之一。

2) 如何进一步深化中外高铁站点地区发展的比较研究？

本书对中国天津和荷兰兰斯塔德的高铁站点地区发展进行了比较研究，探索了中西方高铁站点地区发展的异同及其原因，揭示了西方高铁站点地区的发展模式、特点及其可供借鉴之处。中国和欧洲的城市处于不同的城市发展阶段、不同的产业发展阶段，有着不同的经济增长情况，这些因素决定着城市的发展需求，而城市的发展需求是高铁站点地区发展的动力，影响着站点地区发展的方向和类型。对于西方国家来说，关键的问题是如何整合高铁站点同周边区域的发展。对于中国来说，首要的问题是如何根据城市发展阶段来规划发展高铁站点区域。不同的城市发展需求和高铁站点选址使得欧洲与中国的高铁站点地区的发展有所不同。日本、韩国等国家高铁发展较早，高铁站点地区发展比较成熟，且与我国相邻，人口、文化等因素十分类似。由于篇幅和精力所限，本书对日本、韩国、我国台湾地区的高铁站点发展模式未做深入的比较研究，未来可以进一步深入探讨日本、韩国等国家的高铁站点地区发展模式，为我国高铁站点地区的发展提供经验与借鉴。

3) 结合城市背景，如何通过建立数学模型对高铁站点地区的发展进行深入的定量研究？

高铁站点地区的发展及其影响是极其复杂的过程，本书通过建立概念分析模型系统地分析了高铁站点地区发展的影响因素和作用机制。由于各方面原因，国外高铁站点地区发展的系统数据不易获取。我国高铁站点建设与发展是近几年出现的新事物,高铁站点地区的社会经济统计数据还十分缺乏。受数据和能力所限,本书没有建立相关数学模型对高铁站点地区的发展作量化研究。未来可以尝试建立数学模型对高铁站点地区的发展进行深入的定量研究。

后记

写到最后思索良久，总觉得还应该写点什么，却又不知从哪里写起。2010年我第一次坐上了时速为330 km的京津城际列车，感慨着速度如何改变距离的同时，也开启了我对高铁站点的研究之旅。

在之后的10年里，我走访了国内和欧洲大多数的高铁站点，记录着高铁站点周边到底在发生着什么；访谈了近百位国内外与高铁站点发展相关的利益主体，记录着他们的所见所闻；发放了几千份的调研问卷，记录着普通大众对高铁发展的所感所想。书中的素材基本上都是一步一个脚印的田野调研所得。对于高铁站点区域发展的研究执着了太多年，如今能将这份执着转化为一份成果，甚感欣慰和幸运。

感谢导师张文新教授在本书的写作中所给予的指导，感谢外导卢卡·贝尔托里尼（Luca Bertolini）教授拓宽了我看世界的视野，感谢这么多年来一直帮助我、指导我、激励我的所有人。愿每个人都能勇敢地追求自己想要的，并且不会被这个世界辜负！

侯雪

2019年8月